Buch & Seele

S

Arnold Mettnitzer

Buch & Seele

Was ich lese

Mit Fotos von
Paloma Schreiber

vom himmel
fallen
buchenstäbchen

das paradies der buchenstäbchen

vom himmel
fallen
buchenstäbchen
buchstäblich so
wie alles fällt

der zufall wird
zum glücksfall
setzt am himmel
und am boden
zeichen

dort lese ich
sie auf
und
locke sie
nach innen

und in mir drinnen
blühen die gedanken
die nach worten suchen
sätze bilden
bücher schreiben

buchstaben mir
als glücksfall zugefallen
wollen nicht alleine bleiben
die sehnsucht nach komplizen
macht für sie ein buch zum paradies

Dieses Buch ist eine Liebeserklärung. Keine wissenschaftliche Abhandlung, keine fachliche Erörterung. Dieses Buch ist eine Liebeserklärung an das Lesen. Seine Entstehung verdankt dieses Buch der Einladung zu einer Festansprache am 1. Oktober 2018 anlässlich des 150. Geburtstags der Buchhandlung Heyn in Klagenfurt. In Vorbereitung darauf habe ich im spielerischen Übermut Buchenstäbchen in die Luft geworfen, ihren Flug, die in die Luft gesetzten Zeichen festgehalten, eingefangen, vom Boden wieder aufgelesen, sie immer wieder in die Luft geworfen und so im besten Sinn des Wortes Lesen praktiziert als das, was zufällt und zum Glücksfall wird ...

„Buchstaben" heißen vielleicht ja tatsächlich so, weil die Germanen aus dem Flug der Buchenstäbchen Orakelsprüche lasen und aus dem Fall der Hölzer Entscheidungen zu treffen wussten. Diese These ist zwar nicht gesichert, doch sollte sie nicht wahr sein, so ist sie doch sehr gut erfunden. Auch der Konzeptkünstler Joachim Baur glaubt daran. Dem Gespräch mit ihm verdanke ich das nutzlos-zwecklos-schöne Spiel, das seinen Sinn in reiner Freude hat.

Das Ergebnis dieses Spiels sind die Bilder dieses Buches, eingefangen und gestaltet von Paloma Schreiber, deren vielseitige Begabung als Künstlerin nicht zuletzt in ihren Fotografien sichtbar wird.

Willi Pleschberger und seinem Schwiegervater Arnold Gasser verdanke ich die Stäbchen aus Buchenholz gekloben, gewachsen in meiner Oberkärntner Heimat, dort „Schrefelen" genannt, um damit leichter Feuer zu entfachen.

Die Leserin, der Leser findet in diesem Buch neben den wunderbaren Bildern Texte, Geschichten, Gedanken und Gedichte, nichts anderem als nur dem freien Spiel mit den Worten und der Lust am Lesen zugetan.

Arnold Mettnitzer

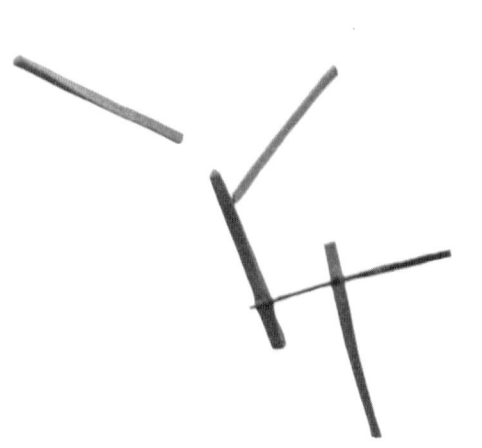

Sprache[1]

Die Sonne spricht zu uns mit Licht,
Mit Duft und Farbe spricht die Blume,
Mit Wolken, Schnee und Regen spricht
Die Luft.

∎

Der Zufall,
Sternstunde der Lesenden

Lesende sind Sammelnde. Holz lesen sie, Beeren und Kräuter. Fast immer führt dabei auch der Zufall Regie. Die Freude darüber, etwas gefunden zu haben, beflügelt, macht Lust darauf, weiterzusuchen. Der „Zufall" ist die Sternstunde der Lesenden. Der Glücksfall schlechthin. Manche Menschen behaupten von ihm, er wäre der Deckname Gottes, wenn dieser anonym bleiben möchte. Jedenfalls übernimmt er immer wieder überall dort die Regie, wo Menschen etwas finden, mit dem sie nie und nimmer gerechnet haben. „Das ist das Herrliche an jeder Freude, dass sie unverdient kommt und niemals käuflich ist", sagt der Dichter. Lesen hat fast immer damit zu tun, etwas zu finden, wonach man gar nicht gesucht hat ... Dieser Zufall verwandelt den Alltag zum Fest, den Moment zum Ereignis.

Als Kind mit vier Jahren hätte ich, so wird mir später erzählt, wie ein Besessener damit begonnen, Gedrucktes zu sammeln und es an die Nachbarn zu verteilen. Fasziniert vom Briefträger und dem, was er täglich ins Haus brachte, begann ich mich dafür zu interessieren, was eine Zeitung ist, ein Brief, von wem für wen geschrieben und warum ...

Heute weiß ich es viel besser, wie verletzbar das Wort ist, wie wichtig der behutsame Umgang damit. Weil „gedacht" nicht „gesagt", „gesagt" nicht „gehört", „gehört" nicht „verstanden" und „verstanden" nicht „einverstanden" bedeuten muss, bedarf es immer und überall eines liebevollen Feingefühls, den langen Weg vom gedachten Gedanken bis zum Einverständnis mit anderen Menschen einladend und nachvollziehbar zu gestalten. Ebenso bedarf es einiger Mühe und Anstrengung, aus Wörtern Worte, aus Sätzen Geschichten und schließlich aus Texten Bücher zu gestalten. Dann aber ist Zwiesprache möglich, Mitteilung, Bereitschaft, miteinander

zu teilen, was schlussendlich vielleicht sogar Zeit und Raum
überdauert und über diese hinweg Menschen zu berühren
vermag.

Auf allen Bühnen des Lebens steht deshalb der Ge-
brauch des Wortes auf dem Prüfstand. Verantwortung dafür
übernehmen zu wollen, hieße, dazu bereit zu sein, Antwort
zu geben auf die Frage nach dem inneren Grund des gesprochenen und geschriebenen Wortes. Denn, so ein dem chinesi-
schen Philosophen Konfuzius schon zur Mitte des ersten vor-
christlichen Jahrtausends zugeschriebener Gedanke:

> „Wenn die Worte nicht stimmen, dann ist das Gesagte
> nicht das Gemeinte.
> Wenn das, was gesagt wird, nicht stimmt, dann stimmen
> die Werke nicht.
> Gedeihen die Werke nicht, so verderben Sitten und Künste.
> Darum achte man darauf, dass die Worte stimmen.
> Das ist das Wichtigste von allem."

Wenn die Worte aber stimmen, die wir hören und sagen, die wir finden und senden, bündelt sich in diesen Worten eine Sprach- und Sprechkultur als innerer Sinn, ein un-
auslöschlicher Funke von Hoffnung und Sehnsucht über Zeit
und Raum hinaus.

Lange mögen Worte verstaubt zwischen Buchdeckeln
liegen und geduldig darauf warten, irgendwann wieder entdeckt zu werden. Ein Buch ist so die sichtbar gewordene
Überzeugung, dass Gedanken wirkende Mächte sind, deren Zeit vielleicht schon vorbei ist, doch jederzeit „zufällig"
wiederkommen kann.

Der Zufall,
Sternstunde des Lesens,
lässt Lesende nicht nur begreifen,
sie werden, von dem, was sie lesen, ergriffen.

Lesende prüfen, behalten das Gute,
verkosten die Welt mit Herz und Verstand.
Der Geschmack der Gedanken bewahrt sie
vor Gleichgültigkeit und Vergessen.

Lesen ist Abenteuer nicht nur im Kopf.
Lesen ermutigt, übersteigt Zeit und Raum.
Lesen – der Fitnessparcours der Gedanken –
lebt aus der Sehnsucht des Lebens nach Sprache.

Sprache kommt aus gesammelter Erfahrung

Erfahrung ist ein singuläres Weltereignis. Was mir widerfährt, was ich und wie ich es erlebe, ist ganz und gar einmalig und im Grunde nicht mitteilbar. Ich kann davon berichten, was andere dabei aber vernehmen und verstehen, muss mit dem, was ich erfahren habe, nichts oder nicht viel zu tun haben. Das, was uns als Menschen fasziniert und aneinander interessiert, sind die Wege, die wir hinter uns haben, ist der persönliche Weg, den wir bisher gegangen sind, sind die „Erfahrungen", die wir gemacht haben. In diesen Erfahrungen sind wir im Grunde unsichtbar. Dorothee Sölle vermutet in ihrem Buch „Die Hinreise", dass das, was wir heute „Erfahrung" nennen, früher „Seele" geheißen hat. In jedem Fall ist sie unsichtbar, die Seele, wie die Erfahrung, aber gleichzeitig geht uns nichts so nahe wie sie. Wir können über Erfahrungen reden, aber sie mitteilen, mit anderen teilen, so, dass andere erfahren könnten, was wir erfahren haben, das können wir nicht, gleichzeitig gibt es aber für den Menschen nichts Klareres als Erfahrungen. Wahrscheinlich sind die Erfahrungen das einzige Paradies, aus dem wir nicht vertrieben werden können.

Wir geraten bei diesen Überlegungen wie von selbst auf das paradoxe Feld des Lebendigen. Romano Guardini sagt in seiner Studie „Der Gegensatz. Philosophie des Lebendig-Konkreten", dass das Lebendige sich nicht in Widersprüche verlieren darf, wohl aber logisch nicht nachvollziehbar sein muss. Wenn es dabei um eine Logik geht, dann ist es die Psycho-Logik, die Seelen-Logik, eine Logik des Herzens, deren Gesetze zu ergründen und deren Wirkungen auf den konkreten Menschen zum Spannendsten gehört, was Menschen erforschen können. Guardini sagt: „Widersprechend darf das Verhältnis nicht sein. Wohl aber logisch nicht vollziehbar, denn es handelt sich um das Lebendige. Die große Versuchung für das Denken besteht gerade darin, diesen Knäuel von Unvollziehbarkeit glatt zu streichen, nach der rationalen oder nach der intuitiven Seite hin. Eben dies zu vermeiden, sehe ich als besondere Aufgabe. Wahrscheinlich muss ihre Erfüllung mit einem Rest von Unklarheit bezahlt werden."[2]

Was bedeutet das für das menschliche Miteinander, für unser familiäres und freundschaftliches Beisammensein, für jede Art des Austausches und Miteinander-Redens, was bedeutet das für die Sprache der Religion? In seinem kleinen Aufsatz „Vom Sinn der Gemeinschaft" versucht Guardini die hier auftretende Spannung zu beschreiben: Wie oft glaube ich, sagt Guardini sinngemäß, einen anderen Menschen verstehen zu können, und muss mir dann doch eingestehen, dass ich in Wahrheit sein Bild geformt habe nach dem meinen. Wo ich Motive zu durchdringen glaubte, habe ich tatsächlich solche unterlegt und so habe ich den anderen vereinfacht. „Mir kommt zu Bewusstsein, wie fremd wir nebeneinander gewesen sind, und glaubten doch in Wissen und Verstehen verbunden zu sein ... Man merkt nicht, dass, was man Verstehen nannte, in Wahrheit Selbstbestätigung war."[3]

Gemeinschaft zu „verstehen" und zu fördern hieße daher in erster Linie, den anderen anzuerkennen, ihn zu bejahen nicht nur in seinem verständlichen Eigensein, sondern auch in seiner Fremdheit. Dem anderen zuzugestehen: Im Letzten kann er vielleicht überhaupt nicht verstanden werden. „Alle Menschenbeziehung geht vielleicht wirklich aus einem Unbekannten in ein Unbekanntes."[4]

Das mag vielleicht auf den ersten Blick verwirrend klingen. Unverständlich ist es nicht. Im Gegenteil. Es ist einsichtig, aber wir sind es nicht gewohnt, uns mit solchen Einsichten zu befassen, weil sie uns schon sehr früh durch unsere Erziehung ausgetrieben wurden, weil wir von Kindesbeinen an darauf trainiert werden, solchen Gedanken und Gefühlen nicht nachzugehen und „die totale Versenkung in den äußeren Raum und die äußere Zeit für normal und gesund zu halten". Dabei entwickeln wir eine eigenartige Angst, die wichtigste Sprache menschlicher Erfahrungen, die religiöse Sprache zu gebrauchen. Lieber verdrängen wir und verleugnen uns und vervielfachen so die eigene Sprachlosigkeit, als dass wir uns „ausgerechnet von der Religion das Hemd ausziehen lassen", wie Dorothee Sölle vermutet. Die Sprache der Religion ist gesammelte Erfahrung, die lebendig nur dort wird, wo sie aus Erfahrung auf Erfahrung hinspricht. Seele, Erfahrung, Spiritualität und Sprache stehen so im engsten Zusammenhang und bedingen einander.

Die Autorität der Schrift

In der rabbinischen Tradition findet sich die Geschichte eines jungen Flüchtlings, der in eine Stadt kommt, deren Bewohner ihn bereitwillig aufnehmen und verstecken. Dann kommen Soldaten auf der Suche nach ihm, doch die Bewohner der Stadt behaupten, von nichts zu wissen. Die Soldaten schöpfen Verdacht und kündigen an, die ganze Stadt in Schutt und Asche zu legen, wenn der Flüchtling nicht bis zum nächsten Morgen ausgeliefert wird. Voller Angst kommen die Menschen zu ihrem Rabbi, um ihn um Rat zu fragen. Tief besorgt beginnt er, in der Schrift nach einer Antwort zu suchen. Die ganze Nacht liest er, ohne etwas zu finden. Da. Kurz vor Sonnenaufgang, fällt sein Blick auf den Satz: „Es ist besser, dass einer für das ganze Volk stirbt, als dass alle zugrunde gehen (Joh 11,50)." Er ist sich sicher, dass das die Antwort ist, und kommt damit zu den Stadtbewohnern. Sie sagen den Soldaten, dass der junge Mann tatsächlich bei ihnen versteckt ist, und er wird abgeführt. Der Rabbi aber ist nicht beruhigt. Er setzt sich nochmals über seine Bücher. Ein Engel erscheint und fragt ihn, was er für ein Problem habe. „Ich bin mir einfach noch nicht sicher, ob es richtig war, den jungen Mann auszuliefern", sagt der Rabbi. Der Engel gibt zur Antwort: „Wusstest du nicht, dass das der Messias ist?" Ungläubig schaut ihn der Rabbi an: „Wie hätte ich das wissen können?", fragt er. „Hättest du dir die Zeit genommen, den jungen Mann aufzusuchen und ihm in die Augen zu schauen, anstatt in den Schriften zu suchen", entgegnet der Engel „hättest du gesehen, dass er der Messias ist."

Wer die Schrift, aus der der Rabbi liest, vom Leben loslöst, verzerrt ihren Inhalt. Wer die Geschichten von den Menschen loslöst, unter denen sie entstanden sind, kann sie nicht oder nur falsch verstehen. Die Autorität „heiliger" Schriften liegt darin, dass sie über sich selbst hinaus verweisen auf

Menschen und die Geschichte ihrer Erfahrungen. Wer ein Buch zum Götzen macht, macht dessen Worte zur letzten Wahrheit.

Eugen Drewermann warnt an vielen Stellen seines umfangreichen Werkes, dass eine Auslegung heiliger Texte, die in der historischen Distanz des gelehrten Bildungswissens daherkommt, von der unmittelbaren Ergriffenheit nichts transportieren könne und in ihrem ganzen Wesen unreligiös und zum Zeugnis gegen sich selber verkommen müsse. Geschichten berühren erst dann, wenn sie einen Menschen innerlich anrühren, wenn statt Erinnerung „Verinnerung" möglich wird, statt „Begriffenhaben" „Ergriffensein". Alles andere muss zu Heuchelei und Mummenschanz verkommen.

.

Es lebt im Heiligtume
Der Welt ein unstillbarer Drang,
Der Dinge Stummheit zu durchbrechen,
In Wort, Gebärde, Farbe, Klang
Des Seins Geheimnis auszusprechen

..

Der Hirtengott Pan

In meinem 39. Lebensjahr, am 10. Juni 1991 in Wien, habe ich mit meiner Lehranalyse bei Erwin Ringel und damit die Ausbildung zum individualpsychologischen Psychotherapeuten begonnen. Unvergesslich die erste Stunde. Ein einziger Wortschwall bricht aus mir heraus. Ich hatte das Gefühl, noch nie jemandem so rückhaltlos aus meinem Leben erzählt zu haben. Bisher mag ich ein Meister der Andeutung gewesen sein. Seither gehe ich bei der Buchstäblichkeit in die Schule und weiß von dem befreienden Gefühl, wichtige Dinge meines Lebens beim Namen zu nennen und ins Wort zu bringen. Plötzlich sehe ich Möglichkeiten vor mir, von denen ich vorher nicht zu träumen wagte. Ich wollte in alle Richtungen offen sein. Das verunsicherte und überforderte natürlich meine Angehörigen, die Freunde, das berufliche und gesellschaftliche Umfeld und nicht zuletzt oder zuallererst mich selbst. Nach dem Fall der Berliner Mauer im November 1989 war dort ein geflügeltes Wort entstanden: „Wer nach allen Seiten hin offen ist, ist nicht ganz dicht!" So mag ich damals auf viele gewirkt haben, ungefragt offen und „nicht ganz dicht". Aber es macht mir Appetit auf einen neuen Weg. Die Abenteuerlust und der Zauber des Anfangs legen Kräfte frei und geben mir das Gefühl, gerade jetzt erst auf die Welt gekommen zu sein. Im Handumdrehen aber tauchen dann wieder Zweifel und Existenzängste auf und die Sehnsucht nach den „Fleischtöpfen Ägyptens" (vgl. Ex 16, 1-3). Besser gefangen zu sein, aber zu essen zu haben, als frei und hungrig durch die Wüste zu ziehen ...

Diese Zeit ist für mich im Rückblick zur großen Wegkreuzung geworden. Von Julian Taupe kaufe ich damals ein Gemälde („Der Vorhang lüftet sich", 1991, Öl auf Leinwand, 70 x 50 cm), ein schmutzig weißes Feld, dessen Untergrund auszuapern beginnt, wie im Frühjahr der Acker, wenn das schneebedeckte Feld „schmutzig" wird, nach und nach den Boden freigibt und die ersten Frühlingsboten aus der Erde kommen; von seiner rechten oberen Ecke her kommt Farbe ins Bild, Blau, Rot, Gelb, Grün, Schwarz, Braun. Das Leben meldet sich zurück! Bis heute erinnert mich dieses Bild in meiner Praxis an den Beginn meiner Lehranalyse und das Eintreten in eine völlig neue, geheimnisvoll-bunte und spannende Welt.

Damals bekomme ich Lust, die Welt mit anderen Augen zu sehen. Und es macht mir mit einem Male nichts mehr aus, sich dabei die Hände oder Füße „schmutzig" zu machen. In den mir bekannten griechischen Mythen entdeckte ich eine bis jetzt nicht beachtete Wahrheit hinter meiner Erfahrung, die andere Seite einer Medaille, die Rückseite meiner Geschichte. Diese im Grunde allen Mythen, Märchen, Sagen und biblischen Geschichten innewohnende Psycho-Logik wird mir zur Begleitmelodie meines therapeutischen Alltags.

Der Mythos des griechischen Hirtengottes Pan ist ein gutes Beispiel, um diese Faszination zu beschreiben: Pan heißt auf Deutsch wörtlich „alles" oder „das Ganze". Dieser Hirtengott Pan ist ein Vierbeiner. Er hat, so erzählt der alte Mythos, eine glänzende Oberseite, die herrlich anzusehen ist. Seine normalerweise unsichtbare Unterseite aber ist erschreckend hässlich. Die Menschen sehen im Allgemeinen nur seine geordnete und schöne Oberseite. Manchmal aber richtet Pan sich auf und zeigt auch seine andere, die dunkle und hässliche Seite. Die Menschen reagieren „panisch", sie geraten in „Panik", wenn sie unvermutet mit der anderen Seite der Wahrheit konfrontiert werden. Platon interpretierte diesen Mythos so, dass er sagte, man solle den Menschen normalerweise auch nicht die ganze Wahrheit zumuten. Die halbe Wahrheit, die Idee, die schöne Seite der Wahrheit, sei besser verträglich. Deshalb solle man den Menschen die Wahrheit sagen, die sie gerne hören wollen, um nicht unnötig Schwierigkeiten zu machen. Wer sich aber selbst kennenlernen möchte, wer die Welt zumindest in Ansätzen „verstehen" möchte, muss bereit sein, „das Ganze" in den Blick zu nehmen. Ich habe es meinen Lehrern in der Psychoanalyse zu verdanken, dass mir durch die Selbsterfahrung auf der Couch das Interesse am Ganzen des Lebens gewachsen ist und ich so einen neuen Blick auch auf das „Katholische" bekommen konnte. Das Wort „katholisch" bedeutet „allumfassend" und „weltumspannend". So gesehen ist das, was wir „katholisch" nennen, weit mehr mit dem Hirtengott Pan verwandt, als das so manchem Katholiken recht sein mag. Seither steht „katholisch" in meinem Leben für „unerschrocken", neugierig und daran interessiert, was hinter den Kulissen vor sich geht.

Vom Wanderprediger aus Nazareth wird ganz in diesem Sinne in einer außerbiblischen Geschichte erzählt, er wäre mit seinen Jüngern über die Kornfelder gegangen und dabei am Wegrand auf einen verwesenden Hundekadaver gestoßen. Voll Ekel hätten sich die Jünger abgewendet, Jesus aber sei niedergekniet, hätte seine Begleiter zu sich gerufen und zu ihnen gesagt: „Seht doch, welch schöne weiße Zähne dieses Tier hat!"

Durch diese kleine, außerbiblische Geschichte, die vielleicht aus dem 4. Jahrhundert stammt, ist die hier angesprochene „katholische Dimension" nochmals gut ins Wort gebracht: Nicht abwenden, sondern hinsehen, nicht davonlaufen, sondern niederknien und unerschrocken auf das schauen, was sich zeigt. So gesehen ist das Katholische an Jesus das Therapeutische, es geht ihm um den ganzen Menschen in all seinen Dimensionen. Wenn es die Aufgabe der Psychotherapie sein kann, dem Christentum die vergessene Seite ihres Wesens wieder in Erinnerung zu rufen, dann kann es umgekehrt die Aufgabe einer angstfreien und menschenbezogenen Seelsorge sein, die Psychotherapie wieder daran zu erinnern, dass die bleibend weißen Zähne der religiösen Sehnsucht zum kostbaren Schatz jedes Menschen gehören und nicht vergessen werden dürfen.

Mens sana in corpore sano

Für die Antike ist die Sorge um die Gesundheit des Menschen etwas „Ganzheitliches", es geht ihr um den ganzen Menschen mit Leib & Seele, Herz & Hirn. In diesem Sinne übte rund um Christi Geburt Decimus Junius Juvenal in seinen Satiren gnadenlose, aber sprachlich und stilistisch brillant-geschliffene Kritik an den Zuständen im antiken Rom. Aus seinen Werken stammen viele Schlagwörter und uns lieb gewordene Redewendungen wie zum Beispiel „panem et circenses – Brot und Spiele" oder aber der Satz „mens sana in corpore sano – in einem gesunden Körper ein gesunder Geist". Wie so oft bei „geflügelten Worten" geht im Laufe der Zeit der Zusammenhang verloren und ihre Aussageabsicht bleibt verfälscht. Wenn also Juvenal von einem gesunden Geist in einem gesunden Körper spricht, meint er damit nicht die sportliche Betätigung, mit der wir den Körper fit halten sollten, auch nicht, und auch das wurde ihm unterstellt, dass „nur in einem gesunden Körper auch ein gesunder Geist" wohnen könne. Nein, das Augenmerk des Satirikers liegt auf einem ganz anderen Feld. Lesen wir den Text im richtigen Kontext, klingt der Gedanke nicht nur ganz anders, er artikuliert damit auch ein Thema, dessen Aktualität vielfach auch heute noch übersehen und nicht gebührend beachtet wird.

Juvenal geht in seiner Zehnten Satire der Frage nach, ob es sich lohne, zu den Göttern zu beten und sie um etwas zu bitten; dabei gibt er seinen Lesern den Rat, beim Beten um nichts Konkretes zu bitten und die Gottheiten selbst abwägen zu lassen, was für die Menschen gut und ihrem Leben dienlich wäre. Statt des Angenehmen, um das die Menschen in der Regel zu beten gewohnt seien, würden die Götter ihnen nämlich das Geeignetste schenken, denn der Mensch läge den Göttern mehr am Herzen als der Mensch sich selbst. Und dann sagt er: „Solltest du dennoch etwas verlangen und den

Heiligtümern Eingeweide geloben und gottgeweihte Würstchen vom weißen Schwein, so musst du beten um einen gesunden Verstand in einem gesunden Körper."[5]

Nach Juvenal will der gesunde Verstand also eher erbeten als durch Leistung erarbeitet werden, er ist nicht in erster Linie das Ergebnis von körperlicher Tüchtigkeit, sondern die Frucht aus dem Eingeständnis menschlicher Hilfsbedürftigkeit. „Beten" heißt im Lateinischen „orare", abgeleitet von „os" (der Mund). Wörtlich kann man „orare" übersetzen mit „den Mund auftun" und zur Sprache bringen, was im Innersten des Menschen vor sich geht. Erst wenn der Mensch zu reden beginnt, erst wenn er sich im Vertrauen öffnet, bekommt seine Persönlichkeit Kontur. Im Mitteilen, im Anteil-Geben und Miteinander-Teilen von Angst und Freude erlebt der Mensch sich als Gemeinschaftswesen: Im Beten, im Bitten, im Sich-helfen-Lassen, im Eingeständnis ihrer Hilfsbedürftigkeit rücken Menschen einander näher und verstehen dadurch besser, wer sie getrennt voneinander sind. Die moderne Gehirnforschung jedenfalls belegt eindrucksvoll, dass das Prinzip Menschlichkeit unsere Grundanlage darstellt und wir von Natur aus in dieser Weise auf Kooperation angelegt sind.[6]

Körperliche Ertüchtigung und die mit eigenen Kräften zu leistende Sorge um die Gesundheit ist die eine Seite. Erst ergänzt durch die spirituelle Dimension, die darum weiß, dass wir Hilfsbedürftige und auf Hilfe Angewiesene bleiben, wird der Mensch „ganz". Der älteste biblische Beleg einer so verstandenen „ganzheitlichen" Betrachtungsweise findet sich im Buch Genesis: „Als aber Abram neunundneunzig Jahre war, ließ Er von Abram sich sehen und sprach zu ihm: Ich bin der Gewaltige Gott. Geh einher vor meinem Antlitz! Sei ganz!" (Gen 17,1.)[7]

Haben Bücher eine Seele?

Die Bibel Jesu kennt das Wort „Seele" überhaupt nicht. Dort aber ist durchaus in synonymen Ausdrücken vom „Blut" als „Sitz des Lebens" die Rede oder vom „Herzen des Menschen", in das der Schöpfer sein Gesetz einschreibt (vgl. Jes 31,31 ff.). Am schönsten aber spricht das Erste Testament von dem, was ich hier „Seele" nenne, in dem archaischen Bild von der „ruah Jahwe", vom „Atem Gottes", der den angehauchten Staub zum Leben erweckt und so lange am Leben erhält, bis er ihn mit seinem letzten Atemzug aushaucht.

Rund um das Wort „Seele" tobt nach wie vor ein heftiger Kampf. Naturwissenschaftlich betrachtet gibt es sie nicht, die Theologen reklamieren sie für sich, der Volksmund redet ungeachtet dessen von einer „guten Seele" oder aber auch von einer „Seele von Mensch".

Thomas Bernhard überschreibt eine seiner Erzählungen mit „Keine Seele" und beginnt diese mit einem Frontalangriff an die Ärzte: „Solange sich in den Krankenhäusern die Ärzte nur für die Körper und nicht für die Seele interessieren, von welcher sie anscheinend so viel wie nichts wissen, müssen wir die Krankenhäuser als Anstalten nicht nur des öffentlichen Rechts, sondern auch des öffentlichen Mordes bezeichnen und die Ärzte als Mörder und ihre Vollzugsgenossen. Als einem sogenannten Privatgelehrten aus Ottnang am Hausruck, der wegen einer sogenannten *Merkwürdigkeit* in das Vöcklabrucker Krankenhaus eingeliefert worden war, der Körper vollkommen untersucht worden war, hatte er, wie er in einem Leserbrief an die medizinische Fachzeitschrift *Der Arzt* schreibt, gefragt: *Und die Seele?* Worauf ihm der Arzt, der seinen Körper untersucht hatte, geantwortet hat: *Seien Sie still!"*[8]

Peter Handke stellt seiner „Lebensbeschreibung" einen seiner Antitexte voran, indem er den biblischen Satz „Was nützt es einem Menschen, wenn er die ganze Welt gewinnt, an seiner Seele aber Schaden leidet" (Mk 8,34 & Lk 9,25) umdreht und fragt: „Was nützt es dem Menschen, wenn er an der Seele gewinnt, an der Welt aber Schaden leidet?"[9] Es gibt demnach eine Art der Beschäftigung mit der Seele, die uns die Welt vergessen lässt; und es gibt eine Art der Beschäftigung mit der Welt, die uns die Seele vergessen lässt: Beides in Einseitigkeit führt zu einer verstümmelten Weltsicht und zu einem verkümmerten Menschsein.

Bei Diskussionen rund um die Seele weise ich gern darauf hin, dass nicht nur Bücher, sondern auch Bälle eine Seele haben. Bälle ohne Seele sind nicht spielbar. An der Luft, an dieser Kraft von innen entscheiden sich Dynamik und Spielbarkeit eines Balles. Übertragen auf ein Buch bedeutet das: Ohne Kraft hinter den Worten, ohne Geist zwischen den Zeilen, ohne die Melodie des Herzens muss jedes Buch leer und nichtssagend wirken. Ohne Geist von innen keine Dynamik nach außen! Ohne Begeisterung keine Lebendigkeit!

Kiki Kogelnik (1935–1997), als österreichische Vertreterin der Pop Art international anerkannt, wurde in einem Interview gefragt, ob sie in ihrem Werk so etwas wie ein spirituelles Element einfließen lasse. Sie gab zur Antwort: „Ja. Jedes meiner Werke enthält ein spirituelles Element, das deswegen nicht notwendigerweise gleich in Erscheinung treten muss. Ich erinnere mich an eine Diskussion in den 1960er-Jahren mit Roy Lichtenstein (1923–1997) über die Seele. Roy glaubte nicht daran, dass es eine Seele gibt, und fragte mich, wo im menschlichen Körper sie ihren Sitz habe und wie sie meiner Meinung nach aussehe. Ich konnte ihm die Seele nicht definieren, aber ich bin überzeugt davon, dass es sie gibt. Und ich sagte ihm: ‚Auch wenn ich Dir die Seele nicht erklären kann, so hoffe ich doch, dass Du sie in meinen Arbeiten findest.'"[10]

Was hier die Künstlerin von ihren Werken sagt, lässt sich leicht übertragen auf einen Text, ein Buch, auf Musik und alles, was wir der schöpferischen Qualität des Menschen verdanken.

Seele bedeutet „Präsenz" und Resonanz, geheimnisvoll-vielsagende Gegenwärtigkeit, die Fähigkeit nonverbaler Kommunikation, die im Schweigen zu sprechen vermag und manchmal mitten im Lärm plötzlich verstummt und betroffen sein lässt.

Vielen Fachsprachen, von ihren Experten gesprochen, um nicht zu sagen, geradezu zelebriert, fehlt die Seele in ihrem Grundton. So werden aus Fachgesprächen leicht „Wortfriedhöfe", aus Worten beeindruckende Bollwerke von Kraftausdrücken, aber zu berühren oder gar zu heilen, das vermögen sie nicht. Statt durch Sprache ergriffen zu werden, wird um Begriffe gerungen, die je nach Kontext Verschiedenes bedeuten. In der Folge wird (z. B. in der Medizin) nicht selten nach (zu) wenigen Worten (zu) schnell zum Messer gegriffen. Deshalb muss unserer gesamten Kultur die heilende Kraft des Wortes als Inbegriff aller Spiritualität wieder in Erinnerung gerufen werden. Von der Wiege bis zur Bahre, vom Katheder über die Kanzel bis zum Sterbebett hungern wir im Grunde zuallererst nach dem Pharmakon eines zu Herzen gehenden Wortes.

Ein afrikanisches Sprichwort sagt: „Worte sind schön, aber Hühner legen Eier!" Worte mit Seele leben aus praktischer „Spiritualität". In diesem Sinne ist „Spiritualität" die Kunst, hinter den Worten und zwischen den Zeilen die lebendige Dimension eines Menschen zu erahnen und ihr Raum zu geben. Es ist deshalb ein Gebot familiärer, pädagogischer, ärztlicher, politischer, menschlicher Klugheit, bei jeder Begegnung von Mensch zu Mensch der spirituellen Dimension eines Menschen Raum zu geben, das heißt, hinter den Worten und zwischen den Zeilen empathisch-achtsam, hellhörig und sensibel die Seelenlandschaft eines Menschen zu ergründen und dabei auch auf das zu achten, was ein Mensch im Moment (noch) nicht zu sagen vermag; und das bedeutet, um es mit den Worten Alfred Adlers zu sagen, „mit den Augen des anderen zu sehen und mit dem Herzen des anderen zu fühlen".[11]

Erst dadurch dringt ein Mensch in den inneren Bereich eines anderen Menschen vor, erst dadurch gelangt er dorthin, wo das liegt, was der andere nicht sagt, was ihm auf der Zunge liegt, was im Inneren des anderen Menschen vor sich geht und sehnsüchtig darauf wartet, zur rechten Zeit, im richtigen Moment, im richtigen Ton „endlich" an- und ausgesprochen zu werden, worüber vielleicht in seinem bisherigen Leben noch überhaupt nie gesprochen werden konnte und wozu er noch nie ermutigt worden ist. Die moderne Gehirnforschung jedenfalls belegt eindrucksvoll, dass Menschen in dieser Weise von Natur aus auf soziale Resonanz und Kooperation angelegt sind. „Kern aller menschlichen Motivation ist es, zwischenmenschliche Anerkennung, Wertschätzung, Zuwendung oder Zuneigung zu finden und zu geben."[12]

Die Sehnsucht nach dem Original

Der französische Mathematiker, Physiker und Philosoph Blaise Pascal (1623–1662) sprach bereits zu seiner Zeit die Vermutung aus, dass in jedem Menschen ein Vermögen steckt, das die Welt in Erstaunen zu setzen vermag, dass jeder Mensch als unverwechselbares Original auf die Welt kommt, die meisten dieser Menschen aber als billige Kopien zu Grabe getragen werden. An solchen Menschen haben „Hohepriester der Gesellschaft" ganze Arbeit geleistet und dafür gesorgt, dass sie das in ihnen schlummernde Potenzial nie entdecken geschweige denn in die Tat umzusetzen vermochten.

Welche Wohltat dagegen, es in unserer Gesellschaft mit Menschen zu tun zu haben, die sich wie Kinder täglich 30- bis 50-mal restlos für eine Sache zu begeistern vermögen, weit über 100 Fragen stellen und dabei bis zu 400-mal am Tag aus ganzem Herzen lachen. Solchen Menschen gehört diese Welt, von solchen Menschen wird sie auch gestaltet. Wenn Erwachsene solches Gestalten dieser unserer Welt an die Kinder delegieren, übersehen sie dabei, wie viel ihnen dadurch verloren geht. Solange wir leben, wachsen wir. Wir wachsen auch dann noch, wenn wir schrumpfen:

Albert Schweitzer wird ein Wort in den Mund gelegt, mit dem er vor dem seelischen Alterungsprozess gewarnt haben soll: „Mit den Jahren runzelt die Haut. Unsere Seele aber runzelt aus Mangel an Begeisterung!" Auch Aurelius Augustinus, einem der großen Psychologen zur Mitte des ersten nachchristlichen Jahrtausends, wird ein ähnlicher Gedanke nachgesagt: „Sei, der du bist und wachse voran, ein anderer zu sein als du bist! Denn wo du Halt machst, bleibst du stehen und wenn du sagst: ‚Ich habe genug geleistet‘, bist du verloren."

Entscheidend im Leben eines Menschen ist der Geist, in dem er sein Leben lebt. Geist setzt Gruppen voraus: Geist gibt es in einer Familie, im Kindergarten, in der Schule, im Fußballverein, im Unternehmen, im Krankenhaus, in der politischen und religiösen Gemeinde. Geist ist das, was Menschen verbindet und was den Rahmen bietet für die Erfahrung, die die Menschen in diesem System machen können. Wir sprechen deshalb ja auch vom „Familiengeist", vom „Gruppengeist", vom „Gemeinschaftsgeist", vom „Teamgeist" und der notwendigen „Be-geist-erung" der einzelnen Gruppenmitglieder, die dafür Sorge tragen, dass heilender, motivierender Geist in den Gruppen bleibt und sich dort ausbreitet.

Um diesen „guten Geist" muss man sich täglich kümmern, sonst verkümmert er, dann verschwindet er zu guter Letzt ganz, und dann zieht auf dem leer gewordenen Platz der „Verwaltungsgeist" ein.

Der Verwaltungsgeist nimmt dann nach und nach das System in Geiselhaft und bestimmt alles, was in der Gemeinschaft gemacht oder aber auch nicht mehr gemacht werden kann. Der Buchstabe des Gesetzes übernimmt so das Kommando und der jetzt herrschende Geist gebiert als „Ungeist" neue Haltungen, die einen Rückfall in die alte Ressourcenausnutzungsmentalität bedeuten. Statt Potenzialentfaltung der Mitglieder erfolgt die Bedürfnisbefriedigung einzelner weniger, die es sich zu richten wissen. Was die Gruppenmitglieder dabei erleben, ist keine Ermutigung mehr, sondern das Erlebnis, „verwaltet" zu werden. Aus dieser Erfahrung entsteht dann eine Haltung, die zu guter Letzt sich dem eingezogenen Ungeist anpasst und möglichst danach trachtet, ungeschoren davonzukommen. Das ist dann ein systemisches Problem, das nur schwer wieder aufzulösen ist, weil die beiden Seiten sich gegenseitig stabilisieren. Und dann kommt ein neuer Chef und will alles anders machen, aber er beißt sich dabei die Zähne aus …

Viele Visionäre und Lichtgestalten der Geschichte sind daran zerbrochen, dass sie zu schwach waren, für einen Geist zu sorgen, der ihren Visionen hätte Raum verschaffen können. So war zum Beispiel Papst Hadrian VI. (1459–1523) alles andere als ein schwacher Mann, aber leider nicht stark genug, um seiner visionären Kraft zum Durchbruch zu verhelfen. Mit seinem Wunsch, Luthers Reformideen aufzugreifen und sich mit ihm zu versöhnen, scheiterte er. Die römische Kurie war stärker und so zerbrach er daran nach zwölf Monaten Regierungszeit.

Für den Besucher seiner Grabstätte in der Deutschen Nationalkirche Santa Maria dell'Anima unweit der Piazza Navona in Rom ist dieses geschichtliche Faktum pointiert formuliert in dem Satz zusammengefasst: „Ach wie schade! Wie viel hängt doch davon ab, in welche Zeitumstände (zeitgeistige Atmosphäre) die Kraft auch des besten Menschen fällt!"

Alles was geschieht, ereignet sich in den Koordinaten von Zeit und Raum. Aber es ereignet sich auch in der Atmosphäre eines ganz bestimmten Geistes, der einlädt und beflügelt oder aber verhindert und zerstört und darüber entscheidet, ob die Koordinaten von Raum und Zeit auch zu Glückskoordinaten werden konnten.

■■

Hier strömt der Künste lichter Quell,
Es ringt nach Wort, nach Offenbarung,
Nach Geist die Welt und kündet hell
Aus Menschenlippen ewige Erfahrung.

■■■

„Psycho-logik" statt Logik

Die Bibel erzählt (im 20. Kapitel des Evangelisten Matthäus) von einem Gutsbesitzer, der früh am Morgen sein Haus verlässt, um Arbeiter für seinen Weinberg anzuwerben. Er einigt sich mit den Arbeitern auf einen bestimmten Betrag als Tageslohn und schickt sie in seinen Weinberg. Drei Stunden später geht er wieder hinaus, findet weitere Arbeiter und schickt auch sie in seinen Weinberg. Das wiederholt er zur Mittagszeit und am Nachmittag und auch noch einmal kurz vor Sonnenuntergang. Die er zuletzt trifft, fragt er, warum sie denn den ganzen Tag herumstehen und keiner Arbeit nachgehen. Sie rechtfertigen sich damit, dass niemand Arbeit für sie hätte. Auch diese schickt er noch in seinen Weinberg. Am Ende des Tages erhalten alle Arbeiter ihren Lohn. Zuerst die, die von Sonnenaufgang bis Sonnenuntergang geschuftet haben und dann nach und nach alle in der Reihenfolge ihrer Dienstzeiten. Als die tüchtigsten Arbeiter merken, dass alle, ganz egal, wie lang sie gearbeitet haben, gleich viel Geld erhalten, beginnen sie zu protestieren und ihr Recht auf höheren Lohn einzufordern. Doch der Herr des Weinbergs sagt einem von ihnen: „Du hast bekommen, was wir vereinbart haben. Ich will aber dem Letzten ebenso viel geben wie dir. Du brauchst das nicht zu verstehen, aber gestatte mir doch, dass ich mit dem, was mir gehört, tun darf, was ich will, auch wenn du neidisch bist, weil ich zu anderen gütig bin."

Besser als durch diese Geschichte konnte mir bis jetzt niemand die täglich anzutreffenden Unterschiede im Leben „erklären". Damit zu hadern, dass das Glück immer dort ist, wo ich nicht bin, garantiert mir auch unter Protest kein glücklicheres Leben. Im Alltag begegnen wir tagtäglich einer eigenartigen Mischung aus aufrichtigen Mitmenschen, genialen Selbstvermarktern und spitzfindigen Scharlatanen. Trotz des Sprichworts „Dem Tapferen hilft das Glück" ist es nicht immer von vornherein klar, wer sich durchsetzt und Erfolg hat. Während der eine sich redlich müht und auf keinen grünen Zweig kommt, fällt dem anderen mehr in den Schoß, als er zu träumen wagt.

Die biblische Geschichte deutet mir das Leben in erster Linie als Angebot und als Geschenk und erst dann auch als Frucht meiner eigenen Arbeit und Tüchtigkeit, auf die ich mich aber nicht rechnerisch verlassen kann. Dazu kommt, dass trotz aller Förderung eines gesunden Selbstbewusstseins zu große Selbstsicherheit in dem, was meiner Leistung zuzuschreiben ist, den Teamgeist gefährden und das kollegiale Miteinander negativ beeinflussen kann.

Immer wieder wird es im Leben seltsam unlogisch und auch ungerecht zugehen. Immer wieder erweist sich das Leben als die überraschende Kraft, die Visionen, Perspektiven und Einschätzungen zu durchkreuzen vermag. Auch ein Spitzensportler, der sich selbst zur Legende ausruft, hat keinen Anspruch auf „gerechten Lohn", auch er muss nehmen, was ihm das Leben gibt und noch geben wird. Das muss er nicht verstehen, er wird genug damit zu tun haben, es zu leben. Die Psychologik seines Herzens mag ihn lehren, mit allem zu rechnen und sich bis zuletzt nicht in Sicherheit zu wiegen.

Um diese Psycho-logik verstehen zu können, ziehe ich immer wieder Gedichte, Geschichten, Mythen und Märchen zurate, weil in ihnen verdichtet eine Wahrheit wohnt, die weit über das Historische hinausweist, ermutigt, inspiriert, Kraft gibt und einlädt, das Leben, das im Moment nicht nur nicht zu verstehen, sondern auch manchmal schwer zu ertragen sein mag, in einem anderen, neuen Licht zu sehen.

Eine der vielen „wahren" Geschichten, die ich kenne, bringt dieses jeden Tag mögliche „neue Licht" für mein Leben ganz besonders schön zur Sprache. Sie erzählt von einem weisen Menschen, der in einem kleinen Dorf lebt. Sein einziger erwähnenswerter Besitz ist ein wunderschöner schwarzer Hengst. Doch eines Tages bricht dieser Hengst aus seiner

Koppel aus und verschwindet. Da kommen die Nachbarn und bedauern diesen Menschen: „Was für ein schreckliches Unglück!" Er aber antwortet ihnen: „Ist das so?" Es vergehen eineinhalb Jahre. Eines Tages kehrt der schwarze Hengst zurück zum Hof des Menschen und bringt mit sich eine Herde von wilden Pferden, deren Leittier er geworden ist. Jetzt ist der Mensch in den Augen seiner Nachbarn gesegnet und reich und sie kommen zu ihm und sagen: „Was für ein unwahrscheinliches Glück du hast!" Und der Mensch antwortet seinen Nachbarn wieder: „Ist das so?" Dieser Mensch hat einen einzigen, bereits erwachsenen Sohn, der zum begeisterten Reiter wird, aber eines Tages so unglücklich vom Pferd stürzt, dass er zeitlebens erheblich behindert bleibt. Da kommen wieder die Dorfbewohner und sagen: „Wie schlimm dich doch das Schicksal trifft!" Und der Mensch antwortet: „Ist das so?" Ein Jahr nach dem Unfall des Sohnes bricht Krieg aus und alle gesunden Männer des Dorfes müssen zum Militär. Nur der gehbehinderte Sohn bleibt wegen seiner Behinderung verschont. Und nur wenige von den eingerückten Männern überleben den Krieg …

Alles, was Menschen erleben, scheint unter dem magischen Zwang zu stehen, sofort und nachhaltig analysiert, beurteilt, verurteilt und eingeordnet zu werden. Dafür sorgt im Hirn, wie später noch dargelegt wird, das sogenannte voraktivierte Netzwerk. Aber dieser zwanghafte Drang des sofortigen Verstehen- und Bewerten-Wollens schafft ohne nachhaltige Prüfung von vornherein „gute" und „böse" Vorurteile, die das Herz eng machen. Das Gegenteil davon wäre offene Weite, in der die Ereignisse des Lebens alle miteinander in Zusammenhang stehen und aus größerer Distanz und besserer Klarheit betrachtet werden können. Solche Klarheit, die wir ja auch „Abgeklärtheit" nennen können, freut sich über das Gute hier und jetzt, erträgt auch das Schwere, blickt aber bei beidem immer auch mit offenem Herzen in die Zukunft, die ich gespannt und neugierig, aber nie mit Gewissheit, sondern immer mit einem Fragezeichen bedenken muss. Das bewahrt mich in meinen täglichen Erfahrungen vor den negativen Folgen meiner „diabolischen" Natur, dem – wörtlich übersetzt – „Hin-und-her-geworfen-Sein", das mich manchmal so durcheinanderbringen kann, dass ich nicht mehr weiß, wo mir der Kopf steht.

Der Drang, alles bewerten und alles verstehen zu müssen, überfordert mich, macht mich ohnmächtig und einsam. Um in dieser Einsamkeit nicht zu ersticken, muss ich mich jeden Tag auf die Suche machen nach anderen Menschen, an deren Schicksal ich teilnehme und denen ich mich mitteilen kann.

Der Großinquisitor

Fjodor Dostojewski erzählt in seinem Roman „Die Brüder Karamasow" von den beiden getrennt aufgewachsenen Brüdern Iwan und Aljoscha; sie treffen sich (für beide ungewöhnlich) in einer Kneipe und lernen sich hier erstmals im Gespräch näher kennen. Unweigerlich kommen sie auf Gott zu sprechen. Iwan, ungebunden und frei, ist der ungläubige Thomas, voll Zweifel und Zorn. Aljoscha, freiwillig gebunden, hat seine Seele dem Herrn geschenkt. Er gemahnt Iwan, dass Gott alles verzeihen könne, da er sein unschuldiges Blut für alle und alles gegeben habe. Hier beschließt Iwan, Aljoscha eine Geschichte zu erzählen, die er voller Begeisterung ersonnen, doch nie aufgeschrieben im Gedächtnis mit sich trägt.

Sie trägt den Titel „Der Großinquisitor"[13] und ist, wie er im leicht betrunkenen Zustand sagt, abgeschmacktes Zeug, doch er möchte es gerne zum ersten Mal jemandem mitteilen. In dieser Geschichte kommt Jesus für einen Augenblick wieder auf die Erde. Im 16. Jahrhundert. Mitten in Sevilla. Soeben sind hundert Häretiker qualvoll hingerichtet worden. Da tritt ein Mann auf. Obwohl er kein Wort spricht, wird er von allen erkannt. Er, der schon vor sechzehnhundert Jahren auf Erden wandelte und von dem wie damals so auch jetzt eine heilende Kraft ausgeht, die, wie in biblischen Zeiten, ein totes Mädchen wieder zum Leben erweckt. In diesem Moment überquert der Kardinal Großinquisitor den Platz. Er, der Mächtige, sieht Jesus und lässt ihn sofort verhaften. Ein großartiges Szenario im Widerstreit von Charisma und Macht. Der Mächtige erträgt es nicht, mitansehen zu müssen, wie ein stummer, vermeintlich harmlos ohnmächtiger Mann Macht über die Herzen der Menschen gewinnt.

Um Mitternacht besucht der Großinquisitor seinen Gefangenen im Kerker zum Verhör. Er erklärt ihm, dass er kein Recht habe, auf die Erde zurückzukommen und die Ordnung, welche die Kirche in über tausend Jahren errichtet habe, zu stören. Aus dem Munde des Kardinals erfährt er auch den Grund dafür: Er, Jesus, hätte bereits alles gesagt, seine Lehre ist verbreitet und nun wäre es die Aufgabe der Institution, den Menschen das hohe Erbgut, den Schatz des Glaubens in für die schwachen Menschen verstehbarer Form zu bewahren. Denn das sei das Schlimmste und Gefährlichste dieses Jesus damals in Nazareth gewesen. Er hätte ahnungslosen und unverständigen Menschen, die nicht in der Lage seien, persönliche Entscheidungen zu treffen, von der Freiheit gesprochen. Diese Freiheit den Menschen zu ihrem eigenen Wohl wieder wegzunehmen, das wäre eine der wesentlichsten und schwierigsten Aufgaben der Kirche. Als der Kardinal mit seinen Ausführungen fertig ist, möchte er von Jesus eine Antwort. Aber Jesus schweigt zu alledem:

„Sein Schweigen bedrückt ihn. Er hat gesehen, dass sein Gefangener ihm die ganze Zeit still und aufmerksam lauschte, ihm dabei offen in die Augen sah und anscheinend nichts einwenden wollte. Der Greis möchte, dass Er ihm etwas sage, irgendetwas, mag es auch Bitteres, Furchtbares sein. Doch Er tritt stumm auf den Greis zu und küsst ihn sacht auf die blutleeren neunzigjährigen Lippen. Das ist die ganze Antwort. Der Greis erzittert. Etwas zuckt in seinen Mundwinkeln; er geht zur Tür, öffnet sie und spricht zu ihm: ‚Geh, und kehr nie wieder … kehr überhaupt nicht wieder … niemals, niemals. Und er lässt ihn hinaus auf die ‚finsteren Gassen der Stadt‘. Der Gefangene geht fort.“[14]

Das erzählte Ereignis ist zeitlos und konkret zugleich. Wir können es philosophisch-theologisch und/oder politisch verstehen und deuten. In jedem Fall aber finden wir hier im Schweigen den innersten unüberwindbaren Rest persönlicher Freiheit, die auch grausamster Tyrannei die Stirn zu bieten vermag und sich dem letzten Zugriff verwehrt. Erst von daher ist mir jene Betroffenheit verstehbar, die, übers Literarische hinaus, ins Biografische und Nacherlebbare reicht.

Diese „innere Freiheit" muss erkämpft, um sie muss täglich gerungen werden. Sie ist in allen menschlichen Begegnungen das Leitmotiv. Innere Freiheit ist die wichtigste Tugend, ohne die es kein erfülltes Leben geben kann. Das widerlegt nicht, bestätigt vielmehr Viktor Frankls Satz, wenn er sagt: „Frei sein ist wenig, ist nichts – ohne ein Wozu. Aber auch verantwortlich sein ist noch nicht alles – ohne ein Wovor."[15]

Das führt mich immer wieder zur Gretchenfrage, wie ich es denn mit der Religion halte. Immer wichtiger erscheint mir mit den Jahren diese Frage. In meiner Praxis kommen Patienten fast täglich darauf zu sprechen. Sie wollen nicht in erster Linie wissen, ob ich gläubig bin, sie teilen mir lediglich mit, dass ihre Wahl des Therapeuten auch mit meiner früheren Arbeit als Seelsorger zu tun habe, in der Hoffnung, hier ohne Angst auch über den persönlichen Glauben reden zu dürfen. Ich selbst spüre in solchen Situationen ein stilles Heimweh nach dem inneren Glücksgefühl, mit dem ich als Kind und Jugendlicher ganz allein in Kirchen sitze und in einer geradezu naiven Selbstverständlichkeit mit Gott Zwiesprache halte und dabei die innere Stimme in einer Deutlichkeit vernehme wie sonst nirgends.

Davon kann ich heute nur mehr träumen. Meine Zwiesprache mit Gott hat zwar nie aufgehört, sie ist aber deutlich seltener geworden und findet jetzt in einem anderen Grundton statt. Aus Kirchen als Orte solcher Erlebnisse sind Wege geworden, die ich gerne allein und höchstens zu zweit gehe. Aus der damaligen Demut und Ergebenheit sind Mut, Neugier und Unerschrockenheit gewachsen. In der Tiefe meines Herzens weiß ich mich behütet und getragen, bereit aber auch, Antwort zu geben und im Begleiten von Menschen Verantwortung zu übernehmen, weil ich überzeugt davon bin, dass Religion ihre innerste Bestimmung darin findet, einem Menschen zu helfen, wieder in die Kraft zu kommen und seinen innersten lebendigen Kern wiederzufinden. Darum muss die Rede von Gott immer auch ein leidenschaftliches Plädoyer für den Menschen sein.

Die Gottesfrage ruft nach dem nahen und fernen Mitmenschen, nach Solidarität und Gemeinschaft. Auch der biblische Befund belegt das eindrucksvoll. Die zentrale Stelle dafür findet sich im Buch Exodus: Jahwe spricht zu Mose: „Ich habe das Elend meines Volkes in Ägypten gesehen und ihre laute Klage über ihre Antreiber habe ich gehört. Ich kenne ihr Leid. Ich bin herabgestiegen, um sie der Hand der Ägypter zu entreißen und aus jenem Land hinauszuführen in ein schönes, weites Land, in ein Land, in dem Milch und Honig fließen ... Jetzt ist die laute Klage der Israeliten zu mir geklungen, und ich habe auch gesehen, wie die Ägypter sie unterdrücken. Und jetzt geh! Ich sende dich zum Pharao. Führe mein Volk, die Israeliten, aus Ägypten heraus!"[16]

Sosehr Mose auf diese innere Stimme hört und sich gesandt weiß, weiß er auch, dass ihn das Kopf und Kragen kosten kann. Daher antwortet er kleinlaut: „Wer bin ich, dass ich zum Pharao gehen und die Israeliten von Ägypten herausführen könnte?" Jahwe aber sagt ihm: „Ich bin mit dir! Ich bin der Ich-bin-da."[17] Aus dieser Zusage weiß Mose sich nicht mehr als aussichtsloser Einzelkämpfer. Wenn er jetzt vor den Pharao hintritt und von Gott spricht, dann wird durch seinen Mut der Name Jahwes zur Anwaltschaft für die Not der Menschen. Mit dieser in der Bibel Jesu einzigartigen Selbstdefinition bleibt im Judentum und Christentum die Gottesfrage an die Menschenfrage gebunden.

■■■

Nach Sprache sehnt sich alles Leben,
In Wort und Zahl, in Farbe, Linie, Ton
Beschwört sich unser dumpfes Streben
Und baut des Sinnes immer höhern Thron.

■■■■

Platschiken Platschaken

Vor genau zehn Jahren finde ich in Georg Grabers „Sagen und Märchen aus Kärnten", einer der umfangreichsten Sammlungen regionaler Volkssagen im europäischen Raum, eine kurze „Legende", die ich meinem ersten Buch als Leitmotiv voranstellte.[18]

In Maria Wörth wird der große Frauentag gefeiert. Schiffe kommen von allen Seiten herangefahren und bringen Andächtige aus nah und fern, die am Umgang teilnehmen wollen. Nur ein armer Halterbub drüben in Pritschitz muss zu Hause bleiben und die Kühe hüten, da er weder Schuhe noch Kleider besitzt, um an dem Fest teilnehmen zu können. Traurig steht er auf der Weide und schaut hinüber nach Maria Wörth. Er sieht schon die Prozession ziehen und hört das Beten der Menge, das zu ihm herklingt wie „Platschiken Platschaken". Der Bub fühlt große Sehnsucht, auch hin zur Mutter Gottes zu kommen. Er eilt zum See, faltet in inniger Andacht die Hände und, das Geräusch des Gebetes nachahmend, schreitet er aus und geht hin über das Wasser. In Maria Wörth sehen Pfarrer und Andächtige das Kind über den See herkommen. Sie eilen zum Ufer und hören zu ihrem Erstaunen, wie das Kind in inniger Andacht „Platschiken Platschaken" vor sich hin sagt. „Kind", sagt der Pfarrer, „was sagst du da? Das ist ja kein Gebet. So betet man nicht." Und er lehrt ihn die Worte eines Gebetes. „Jetzt, mein Kind, kehre zurück und sprich, wie du es von mir gelernt hast!" Folgsam geht der Knabe wieder auf das Wasser und spricht das gelernte Gebet. Bald darauf aber verschwindet er in den Wellen des Sees.

Die Kostbarkeit dieser Legende liegt in ihrer vielseitigen Verwendbarkeit. Sie eignet sich gut, soziale Unterschiede einerseits, verschiedene Schwerpunkte persönlicher Wahrnehmung andererseits, aber auch den Unterschied von „Dienst nach Vorschrift" und Leidenschaft des Herzens zur Sprache zu bringen. Auf der einen Seite rund um die majestätisch über dem Wörthersee liegende Kirche eine feierliche Prozession als gesellschaftlicher Höhepunkt des Jahres, auf der anderen Seite, drüben am anderen Ufer in Pritschitz, eine Kuhweide und ein ärmlich gekleideter, barfüßiger Halterbub mit seinen Kühen …

Menschen, „aus nah und fern" zur Prozession zusammengekommen, ergeben in ihren schönsten Festtagskleidern eine für alle Sinne prächtige Farb- und Klangkulisse wahrnehmbar weit über den See hinweg. Dieses mächtige barocke Aufgebot lässt einen bloßfüßigen Halterbuben noch ärmlicher erscheinen.

Darüber hinaus halte ich die in dieser Legende gezeichnete Rolle des Pfarrers für einen pädagogisch höchst wertvollen Kunstgriff, ähnlich dem, mit dem Dostojewski in seinem Roman „Die Brüder Karamasow" den Großinquisitor zeichnet. Ein kritisches Hinterfragen des Selbstverständnisses vieler Berufe, in deren Mittelpunkt der Mensch und seine innigsten Herzensangelegenheiten stehen sollten. Ob Arzt, Seelsorger, Therapeut, Politiker oder Lehrer: In helfenden Berufen gerät man leicht in die „Rolle des Vorstehers einer Prozession", während die solchen Vorstehern Anvertrauten als „armselige und barfüßige Halterbuben" erscheinen mögen.

Wer hat als Patient im Krankenhaus noch nicht gestaunt über die allmächtige Prozession einer Chefvisite, die in der beeindruckenden Schar von Pflegern, Krankenschwestern, Turnusärzten, Assistenzärztinnen, stationsführenden Oberärzten bis hin zu Primaria und Primarius an ihm/ihr vorbeigezogen sind und dem Befund und der Fieberkurve mehr Beachtung schenkten als dem Befinden des Patienten. Die klinisch sauberen, architektonisch aus dem Stadtbild ragenden Gesundheitstempel und Veranstaltungspalazzi erscheinen nicht selten als augenfälliges Gegenbild zu ihrer Umgebung wie der Prunk einer barocken Wallfahrtskirche sich abheben mag von den vor sich hin grasenden Kühen auf ihrer Weide.

Eine von oben herab praktizierte „pfäffische Attitüde" gibt es in der Medizin genauso wie in der Politik, auf dem Land wie in der Stadt, in der Großfamilie und im kirchlichen Raum genauso wie in der intimen Begegnung zweier Menschen, in der der eine dem anderen glaubt sagen zu müssen, worauf es ankommt. Wo immer in solcher Grundhaltung Menschen aufeinandertreffen, müssen Lebendigkeit und Begeisterung verkümmern und schlimmstenfalls untergehen wie der Bub in den Wellen des Wörthersees. Das Außergewöhnliche, das Lebendige, das Wunder des Lebens und aller seiner Rätsel ist durch Ritus und Wissen allein nicht zu lösen.

Das Argument der Morgenröte

Ein schwedisches Waldmärchen erzählt, dass an einem Sommertag mitten im Wald um die Mittagszeit die Vögel ihre Köpfe unter die Flügel stecken und ein wenig ruhen. Der Buchfink steckt sein Köpfchen hervor und fragt: „Was ist das Leben?"

Alle sind betroffen über diese schwere Frage. Eine Rose entfaltet gerade ihre Knospe, schiebt behutsam ein Blatt ums andere heraus und sagt: „Das Leben ist Entwicklung." Weniger tief veranlagt ist der Schmetterling. Lustig fliegt er von einer Blume zur anderen, nascht da und dort und sagt: „Das Leben ist lauter Freude und Sonnenschein." Drunten am Boden schleppt sich eine Ameise mit einem Strohhalm, zehnmal länger als sie selbst, und sagt: „Das Leben ist nichts als Müh' und Plag'." Geschäftig kommt eine Biene von einer honighaltigen Blume zurück und meint dazu: „Das Leben ist ein Wechsel von Arbeit und Vergnügen." Wo so weise Reden geführt werden, steckt der Maulwurf seinen Kopf aus der Erde und sagt: „Das Leben ist ein Kampf im Dunkel." Die Elster, die selbst nichts weiß und nur vom Spott der anderen lebt, sagt: „Was ihr für weise Reden führt! Man sollte meinen, was ihr für gescheite Leute seid!"

Es hätte nun einen großen Streit gegeben, wenn nicht ein feiner Regen eingesetzt hätte. Und der Regen sagt mit leiser Stimme: „Das Leben besteht aus Tränen, nichts als Tränen." Dann zieht der Regen weiter zum Meer. Dort branden die Wogen und werfen sich mit aller Gewalt gegen die Felsen, klettern daran in die Höhe und werfen sich dann wieder mit gebrochener Kraft ins Meer zurück und stöhnen: „Das Leben ist ein stetes vergebliches Ringen nach Freiheit." Hoch über ihnen zieht majestätisch ein Adler seine Kreise und frohlockt: „Das Leben ist ein Streben nach oben." Nicht weit davon steht eine Weide, die der Sturm schon zur Seite geneigt hat. Sie sagt: „Das Leben ist ein Sich-Neigen unter eine höhere Macht." Dann kommt die Nacht – in lautlosem Flug gleitet ein Uhu durch das Geäst des Waldes und krächzt: „Das Leben heißt, die Gelegenheit nutzen, wenn die anderen schlafen." Schließlich wird es still im Wald. Nach einer Weile geht ein Mensch durch die menschenleeren Straßen nach Hause. Er kommt von einem Fest und sagt vor sich hin: „Das Leben ist ein ständiges Suchen nach Glück und eine Kette von Enttäuschungen." Auf einmal flammt die Morgenröte auf in ihrer vollen Pracht und sagt: „Wie ich, die Morgenröte, der Beginn des kommenden Tages bin, so ist das Leben der Anbruch der Ewigkeit."

Welche Stimme hat nun recht? Alle haben sie recht, aber keine ganz und ausschließlich für sich allein. Jede Stimme hat ihre Stunde und ihren Grund in konkreter Erfahrung. Die Summe aller in einem Leben gemachten Erfahrungen ist das kostbarste Gut eines Menschen, eingeschrieben in sein Innerstes, das einzige Paradies, aus dem ihn niemand vertreiben kann.

Wie die Zeit vergeht

In einer Uhrenmanufaktur in München kaufe ich mir für den Rest meines Lebens rund 200 Einzelteile einer Pendeluhr und baue mir mit der akribischen Genauigkeit eines begeisterten Dilettanten in zwölf Stunden Arbeitszeit mein eigenes Kapitel persönlicher Zeitgeschichte. Schon lange nicht mehr hat mich eine Beschäftigung so fasziniert und in ihren Bann gezogen. Schon lange nicht mehr habe ich etwas mit solcher Liebe und Begeisterung zu Ende gebracht. Seither wird für mich in meiner Wohnung die Zeit, der Herzfrequenz ähnlich, mit 72 Schlägen pro Minute hörbar gemessen. Der Pendelschlag mutet wie ein Taktstock an, der ab jetzt den verschiedenen Phasen im Alltag einen neuen symphonischen Rhythmus abzuverlangen scheint.

Die so gemessene Zeit lässt mich gespannt sein auf das, was kommt, und gleichzeitig zurückblicken, so als wäre gerade jetzt eine Wegmarke erreicht, die mich ahnen lässt, wie vielen Weggefährten ich Erfahrungen verdanke, deren innere Qualität ich nur ansatzweise zu ermessen vermag. Dabei muss ich an jene denken, die ich vor den Kopf gestoßen und enttäuscht haben mag, deren Weltbild ich, wenn schon nicht erschüttern, so doch infrage stellen konnte, mit denen ich in Wortgefechten die Argumente kreuzte und mich wie sie auch unter Berufung auf biblische Quellen im Recht fühlte. Aber auch an die muss ich denken, denen ich, ohne es mir erklären zu können, vertraut werden durfte und die mir für neue Kraft in schweren Stunden dankbar sind. Ich sehe vor mir die vollen Säle und die vielen Gesichter, in die zu schauen mir immer Einladung ist, laut zu denken, mich selbst mitzuteilen, mit anderen zu teilen, was mich bewegt, und nicht nur „etwas" zu sagen, sondern Zwiesprache zu halten und das Gefühl zu vermitteln, dass es nichts Kostbareres unter Menschen gibt, als Menschen zu treffen, die sich dem Menschen als Menschen erweisen.

Darum fällt es mir auch so schwer, ein Buch zu schreiben, weil mir das unmittelbare Erlebnis der Zwiesprache fehlt, die offenen und fragenden Augen oder auch die skeptischen Blicke meiner Zuhörer. Wenn ich jetzt all diese Vorträge und Reden zur Hand nehme, mein bisheriges Leben überdenke und daraus Bilanz zu ziehen versuche, überkommt mich neben dem Gefühl von Dankbarkeit und Stolz eine so noch nicht oft erlebte Bescheidenheit. Mit einem Male sehe ich in einer ganz neuen Qualität, in welch bescheidenen Portionen mir das Leben gelegentlich Einsicht und Erkenntnis schenkt. Und weil ich es jetzt besser zu wissen scheine als je zuvor, dass Worte schön sind, aber Hühner Eier legen, wie die Afrikaner sagen, weiß ich, dass es schön langsam an der Zeit ist, die vielen gemachten Worte auf das hin zu überprüfen, was bisher im Leben getan und nicht nur gesagt wurde, ob dem Klang der gesuchten und gemachten Worte auch die Entschiedenheit des Handelns anzuhören ist.

Oft spreche ich, nicht nur motiviert aus dem Faible für mechanische Uhren, über die Zeit, von der Augustinus meint, dass er wüsste, was sie ist, solange er nicht danach gefragt würde. Gefragt nach der Zeit fühle er sich unfähig, sie zu erklären. Die Zeit, das sonderbare Ding, das am Anfang des Lebens rein gar nichts zu sein scheint und am Ende so schwer wiegt wie sonst nichts (Hugo von Hofmannsthal), ist die eigentliche Herausforderung nicht nur für das Denken des Menschen, sondern auch dafür, die mir gegebene Zeit als erfüllte Zeit zu gestalten.

Einen meiner Vorträge darüber halte ich in Klagenfurt, wo Peter Heintel (verstorben am 12. Juli 2018) im Jahre 1990 einen „Verein zur Verzögerung der Zeit" gegründet hat. Die Mitglieder verpflichten sich „zum Innehalten, zur Aufforderung zum Nachdenken dort, wo blinder Aktivismus und partikulares Interesse Scheinlösungen produziert", wie es in den Vereinsstatuten heißt. Bei den Gedanken über die Zeit geht es mir nicht anders als sonst bei meinen Vorträgen; es fallen mir

Sätze ein, die ich anderen verdanke. Diese Sätze zu wiederholen macht mir ein Doppeltes bewusst: Einmal ist es die große Verlockung, Zuhörern in Form eines Zitates einen Gedanken zu servieren, um den sich im Weiterdenken neue Gedanken sammeln. Dann aber kann der Satz eines anderen auch Ersatz für Persönliches werden und, in zu großer Euphorie präsentiert, den Mangel des eigenen Denkens kaschieren. In all meinen Vorträgen habe ich immer wieder beides erlebt, über das eine mich gefreut und beim anderen gehofft, in der Trägheit meines Denkens nicht durchschaut zu werden.

Was also ist es mit der Zeit? Was immer andere darüber gedacht haben mögen, es wird mir nicht erspart bleiben, mir die Zeit als meine Zeit zu vergegenwärtigen und mir darüber Gewissheit zu verschaffen, in welcher Zeit ich lebe. Vielleicht rührt daher meine Begeisterung für die Zeit, die ich messen kann, weil mir dabei unermesslich bleibt, was die Zeit für mich bereithält. Nur den allergeringsten Teil kann ich nützen und als erfüllte Zeit erleben. Wo mir das aber gelingt, scheint die Zeit stehen zu bleiben beziehungsweise so schnell zu vergehen, dass das Messen und Festhalten-Wollen als Torheit gelten muss. Und was nützt es mir dann, alles zu wissen über das Pendel, das bis heute genaueste mechanische Schwingungssystem, welches die Zeit in genau definierte Abschnitte unterteilt? Und ich lerne wieder, wie damals in der Schule, dass die Schwingungsdauer durch seine Länge und die uns alltäglich umgebende Schwerkraft bestimmt ist und dass durch diese Entdeckung der exakten Zeitmessung durch Galileo Galilei im Jahre 1585 der Durchbruch gelungen ist. Diesen Beobachtungen zufolge schwingt ein Pendel unabhängig von seiner Schwingungsweite zeitgleich oder – wie die Fachleute sagen – „isochron", teilt also die Zeit in gleiche Tortenstücke auf wie daheim die Mutter die Nachspeise, damit keines ihrer sechs Kinder sich benachteiligt fühlt. Im Unterschied zur Nachspeise kommt das Zeitbuffet allerdings weit weniger spektakulär daher. In isochronen Schritten vor Augen geführt, ist das

Angebot, sich die Zeit zu nehmen und die Gunst der Stunde zu ergreifen, weit weniger verlockend als die zarten Genüsse zum Abschluss einer Mahlzeit.

Wenn Hans-Curt Flemming sagt, auf seinem Grabstein solle stehen, dass er nur die Zeit gelebt, die er sich genommen hat,[19] dann könnte das Messen der Zeit ja auch in der Achtsamkeit ihren Grund haben, die Zeit zu verkosten, sie nicht zu verschwenden, die Unlust zu meiden und den Tag zu nutzen, wie das schon Epikur seinen Schülern vorschlug. Dabei ging es ihm nicht in erster Linie um das Maximieren von Lust, sondern darum, die Unlust zu vermeiden und auch in schwierigen Zeiten, von denen wir umgangssprachlich meinen, dass sie „nicht lustig" wären, das Gute und Lustvolle nicht zu übersehen. Martin Walser warnt seine Zeitgenossen in einem seiner Romane vor einer Zeit, die nur aus Warten besteht, und äußert den Verdacht, dass viele im Warten darauf, dass sie einmal leben werden, ihre Zeit verbringen und nachher, wenn dann alles vorbei ist, sich fragen müssen, wer sie denn gewesen sind, solange sie gewartet haben.[20]

Kein Pendelschlag ist dann in der Lage, Versäumtes nachzuholen, und schon gar nicht vermag er zu ermessen, wann wem die Gunst der Stunde schlägt. Darum stellt man sich in der griechischen Antike den Gott des rechten Augenblicks als Jüngling vor, der vorne eine Locke und hinten eine Glatze trägt. Wer ihn im Augenblick der Begegnung von vorne packt, greift ins Volle, doch schon einen Augenblick später von hinten nach ihm gelangt, geht sein Griff ins Leere. Von all dem bleibt der Pendelschlag unbeeindruckt. Was kümmert es ihn, wie spät es ist und was die Uhr, welche Stunde sie schlägt? Ein Uhrwerk hat keine Ahnung von erfüllter Zeit.

Die Zeit, in der ich lebe, messe ich mehr, als ich sie zu nutzen verstehe. Das fasziniert und irritiert mich. Es gibt kein Messgerät in unserer Kultur, das eine größere Rolle spielte als die Uhr. Ungezählte Male blicken wir täglich auf sie und nach ihren Vorgaben regeln wir unseren Tagesablauf, die

Zusammenkünfte und Mahlzeiten, alles in einem Rhythmus, mit dem ein jeder immer mitmuss. Nicht mehr ich habe die Zeit, die Zeit hat mich und meinen Computer und alle Gerätschaften, die mich umgeben. Was aber weiß ich durch die von mir auf die Sekunde genau gemessene Zeit?

Bis zur Mitte des 18. Jahrhunderts messen Uhren die Stunden mit nur einem Zeiger. Dann erst bekommt der Zeiger seinen kleinen Bruder, um damit den Lauf einer Stunde „auf die Minute genau" zu messen. Wettkämpfe mit dem Sekundenzeiger zu entscheiden genügt schon lange nicht mehr, mittlerweile erfordern sie ein Zeitmaß in Hundertstel- und Tausendstelsekunden genau. Im Würgegriff der Genauigkeit messen wir die Zeit mittlerweile in Millisekunden und Nanosekunden, um die Exaktheit von Computerverbindungen und Navigationssystemen zu „verstehen" und uns deren unbegrenzte Möglichkeiten zunutze zu machen. Immer schneller dreht sich das Karussell, das uns, wenn wir uns nicht aus eigener Kraft daran festhalten können, unbarmherzig zentrifugal von sich schleudert.

Als knapp Siebzehnjähriger erlebe ich im Fernsehen am 21. Juli 1969 um 3:56 MEZ die erste Mondlandung mit. Seither ist die Beschleunigung das unüberbietbare Kennzeichen unserer Zeit. Innerhalb weniger Jahrzehnte steigert sich die Fortbewegung vom gemächlichen Tempo einer Pferdekutsche bis zur Geschwindigkeit einer Rakete, die ins Weltall vordringt. Die Frist einer durchschnittlichen Briefzustellung verringert sich von mehreren Wochen auf Tage und zuletzt Sekunden. Ob ich eine elektronische Nachricht ins Nachbarhaus oder in einen entfernten Kontinent schicke, macht nur mehr einen zeitlichen Unterschied von Sekundenbruchteilen aus. Auf die Genauigkeit meines Navigationssystems kann ich mich deshalb verlassen, weil in Femtosekunden (0,000 000 000 000 001 Sekunden = 10–15 Sekunden) über Satellit die Wege, die ich zu fahren gedenke, vorausberechnet werden.

Im Zeitalter solcher Beschleunigung wächst die Unfähigkeit, auf andere zu- und mit ihnen umzugehen. Beim Ersten Weltkongress für Psychotherapie in Wien kurz vor der Jahrtausendwende (1999) höre ich Sophie Freud, die Enkelin Sigmund Freuds, die unter dem Applaus von 3800 Psychotherapeuten beklagt, dass wir keine Zeit mehr für andere finden und in der Folge das Zuhören und Miteinanderreden honorarpflichtig wird. Die Fähigkeit zu lieben, geduldig zu prüfen und sich hinzugeben gerät zur Rarität, dafür aber gibt es im „Guinness Buch der Rekorde" Dauerleistungen im Klavierspielen, Boogie-Woogie-Tanzen und Unterwasserküssen.

Darüber hinaus machen die zur Erleichterung und Entlastung gedachten vielen mechanischen und elektronischen Errungenschaften das Leben nicht ruhiger und bequemer, sondern hektischer und stresserfüllter. Maschinell arbeitsentlastet lehne ich mich nicht zurück, um die dazugewonnene Ruhe zu genießen, sondern beuge mich nach vor, um mit der steigenden Geschwindigkeit der Maschinen und Apparate noch Schritt halten zu können. Nicht ich bestimme das Tempo der Maschine, sondern die Maschine bestimmt mich, hält mich auf Trab und nimmt mir den Atem. So werde ich als „Kind meiner Zeit" zum Getriebenen, der überall dort, wo er ist, im Grunde nicht ist.

Soziologen weisen darauf hin, dass wir uns in einem Transformationsprozess befinden, der vermutlich weitreichendere Folgen hat als die Elektrifizierung oder Industrialisierung. Denn Digitalisierung durchdringt alle Lebensbereiche. Wir haben es mit einem umfassenden Verschwinden von Muße zu tun. Denn dieser Zustand stellt sich noch nicht ein, wenn ich beschließe, heute nichts mehr zu arbeiten. Meine To-do-Liste ist dann trotzdem noch voll, es gibt nach wie vor viele Dinge, die ich trotzdem noch tun müsste. Zudem habe ich dann immer noch 200 Fernsehkanäle, unendlich viele Websites, die ich ansurfen könnte, die Möglichkeit X anzurufen oder Y noch schnell eine E-Mail zu schreiben.

Muße ist dagegen ein Zustand, der sich einstellt, wenn das Tagewerk vollbracht ist. So wie das in klassischen agrarischen Gesellschaften abends der Fall war. Diesen Zustand erreichen wir heute nicht mehr. Wir leben in einer Art Daueraktivierung. Aber, und genau das scheint der entscheidende Punkt zu sein, wie uns Experten versichern: Nicht die Geschwindigkeit ist das Problem, sondern der Mangel an Resonanz.

Die Ursachen dafür liegen nicht im individuellen Leben, sondern in der Struktur moderner Gesellschaften. Heutige kapitalistische Gesellschaften sind so verfasst, dass sie jedes Jahr einen Zahn zulegen, sich steigern müssen, um zu erhalten, was sie haben. Der Soziologe Hartmut Rosa nennt das „dynamische Stabilisierung". Wenn wir ohne Wachstum Arbeitsplätze nicht erhalten können, schließen Unternehmen, das Staatseinkommen sinkt und es gibt ein Budgetdefizit. Das führt zu Kürzungen bei Bildung und Sozialstaat. Es gilt aber für praktisch alle gesellschaftlichen Bereiche: Wir müssen uns steigern, um den Status quo zu erhalten. Ein Burn-out bekommt man nicht dadurch, dass man sich zwischendurch verstärkt anstrengen muss. Sondern dadurch, dass man immer schneller laufen muss, nur um einigermaßen stehen zu bleiben. Aber: Geschwindigkeit ist nicht immer schlecht – das wäre eine absurde Position. Erstens geht das in vielen Bereichen nicht, zweitens wäre es auch nicht wünschenswert. Eine langsame Internetverbindung oder ein langsamer Notarzt sind kein Ziel. Beschleunigung wird erst dann zum Problem, wenn sie zu Entfremdung führt.[21]

■■■■

In einer Blume Rot und Blau,
In eines Dichters Worte wendet
Nach innen sich der Schöpfung Bau,
Der stets beginnt und niemals endet.

■■■■■

Fantasie – „die Mutter aller Tugenden von morgen"

Der junge Herakles, noch unschlüssig, welchen Lebensweg er wählen soll, zieht sich an einen abgelegenen Ort zurück, um nachzudenken. Da erscheinen ihm zwei Frauen, Tugend und Glückseligkeit, eine schöner als die andere. Beide werben sie um seine Liebe. Hin und her gerissen zwischen beiden muss er sich entscheiden. Die Glückseligkeit, von ihren Feinden auch Liederlichkeit genannt, fein herausgeputzt in prächtiger Kleidung, verspricht ihm das Blaue vom Himmel: „Herakles, willst du nun mich zur Freundin wählen, so werde ich dich die angenehmste und gemächlichste Straße führen. Keine Lust sollst du ungekostet lassen, jede Unannehmlichkeit sollst du vermeiden. Um Kriege und Geschäfte hast du dich nicht zu bekümmern, darfst nur darauf bedacht sein, mit den köstlichsten Speisen und Getränken dich zu laben, deine Augen, deine Ohren und übrigen Sinne durch die angenehmsten Empfindungen zu ergötzen, auf einem weichen Lager zu schlafen und den Genuss all dieser Dinge dir ohne Mühe und Arbeit zu verschaffen."[22]

Die Tugend, schlicht gekleidet, zunächst bescheiden mit gesenktem Blick, stellt sich nicht vor Herakles hin, um ihn durch süßliche Lockrufe zu gewinnen, sie bäumt sich vor ihrer Rivalin auf und attackiert sie, in der Hoffnung, damit Herakles besser überzeugen zu können:

„Elende, wie kannst du etwas Gutes besitzen? Oder welches Vergnügen kennst du, die du jeder Lust durch Sättigung zuvorkommst? Du isst, ehe dich hungert, und trinkst, ehe dich dürstet. Um Esslust zu reizen, suchst du Köche auf. Um mit Lust zu trinken, schaffst du dir kostbare Weine an. Des Sommers gehst du umher und suchst nach Schnee. Kein Bett kann dir weich genug sein. Deine Freunde lässt du die Nacht durchprassen und den besten Teil des Tages verschlafen.

Darum hüpfen sie auch sorglos und geputzt durch die Jugend dahin und schleppen sich mühselig und im Schmutz durch das Alter, beschämt über das, was sie getan, und fast erliegend unter der Last dessen, was sie tun müssen."[23]

Nicht nur der griechische Held steht am Scheideweg. Die Alternative, die sich ihm bietet, ist zunächst die zwischen einem mühelosen, schnell zu erreichenden, moralisch verwerflichen Weg und einem beschwerlichen, aber tugendhaften, langfristig beglückenden Lebensweg. Kein Wunder, dass dieses Thema zu allen Zeiten nicht nur Schriftsteller inspiriert. Albrecht Dürer zum Beispiel thematisiert in diesem Zusammenhang „Die Eifersucht oder Herkules am Scheideweg" und Angelika Kauffmann legt in ihrem „Selbstbildnis am Scheideweg zwischen Musik und Malerei" den thematischen Schwerpunkt auf die Unentschiedenheit, die „zögerliche Attitüde", das persönliche „Hin-und-her-gerissen-Sein" an den entscheidenden Wegkreuzungen des Lebens.

Herakles entscheidet sich für den Weg der Tugend. Was aber ist es mit dieser Tugend? Kann man sich ein für alle Mal für sie entscheiden und dann geruhsam ein geglücktes Leben führen? Ist der Mensch auf seinem Lebensweg nicht tagtäglich neu infrage- und vor neue Entscheidungen gestellt? Die Tugend scheint nicht der berechenbare Mittelwert zwischen Verzicht und Ekstase oder Vertröstung und Exzess zu sein. Tugend erfordert täglich neue Entscheidungen in Fragen von Anstand und Moral.

Die immer noch nicht bewältigte Finanz- und Wirtschaftssituation zeigt das jeden Tag in drastischer Art und Weise. Sie ist nicht die schlimmste Krise, in der wir uns momentan befinden, sie ist nur die am deutlichsten sichtbare. Klimaerwärmung und Ressourcenknappheit erscheinen als die viel bedrohlicheren Szenarien. Aber alle drei scheinen aus einer gemeinsamen Wurzel gespeist zu sein: die auf allen Ebenen vorhandene unstillbare Gier nach dem persönlichen Vorteil ohne Rücksicht auf die Konsequenzen für den Rest der Gesellschaft! Diese „Hinter-mir-die-Sintflut-Strategie" hat über Jahre und Jahrzehnte hindurch ohne ethische Orientierung die Gewinnmaximierung als ausschließliches Leitmotiv ihres Handelns betrachtet.

„Verantwortung für das Gemeinwohl" oder „Solidarität" ist in diesem Kontext höchstens eine Vokabel für mild belächeltes Gutmenschentum. Trotzdem braucht alles, was Menschen mit Menschen und für Menschen tun, Orientierung und Einordnung in ein größeres Ganzes. Ohne diesen Blick aufs Ganze, ohne Verantwortungsgefühl für das Gemeinwohl, ohne Solidarität mögen einzelne Gruppen wachsen wie die Krebszellen, die zum Teil viel besser und schneller wachsen als normale Zellen, aber sie scheren aus dem Gesamtkontext des Organismus aus, verlieren ihre Orientierung und führen ein Eigenleben, das auf Dauer den Tod des Organismus zur Folge hat.

Wenn auf allen Ebenen der Gesellschaft der Spekulant nur seinen alleinigen Vorteil sucht und die Formen der politischen Korruption zwar wechseln, aber überall anzutreffen sind, dann ist es nicht nur an der Zeit, nach vorbeugenden Gesetzen zu rufen, sondern nach Tugenden zu fragen, ohne die die Rede von Ethik und Moral nur heiße Luft und leeres Stroh bedeutet. In diesem Sinn gibt es auch in Österreich seit ein paar Jahren wohl auch aus den Erfahrungen mit der seit der Wirtschaftskrise wachsenden Wirtschaftskriminalität das sogenannte „Verbandsverantwortlichengesetz", das eine strafrechtliche Verantwortlichkeit von Verbänden einführt, also von juristischen Personen sowie bestimmten Gesellschaften, insbesondere Personenhandelsgesellschaften und damit nicht nur handelnde Person, sondern auch Verbände und Gesellschaften als Ganze zur Verantwortung zieht.

„Was aber ist", fragt Paul Lendvai,[24] „wenn der Staat, wenn seine Träger selbst korrupt sind?" Diese und andere grundsätzlichen Fragen stellt der deutsche Politologe Paul Noack schon in seiner 1985 veröffentlichten Studie über

„Korruption – die andere Seite der Macht". Die von ihm zitierten klassischen Analysen hätten durchaus auch heute noch Relevanz. Ebenso das bereits 1979 in deutscher Sprache erschienene Alterswerk von Erich Fromm „Haben oder Sein",[25] in dem der Autor nach den „seelischen Grundlagen einer neuen Gesellschaft" sucht und darüber nachdenkt, was es bedeutet, wenn jemand seine Lebenspraxis so sehr am Haben orientiert, dass ihm beim Wort „Vermögen" nur „Bares als Wahres" einfällt und er nicht im Traum daran denken mag, dass damit ja auch und zuallererst das gemeint sein könnte, was Fromm die psychischen Eigenkräfte des Menschen bezeichnet, deren heilige Trias er in Liebe, Vernunft und produktivem Tun sieht.

Dieses „Vermögen" will Erich Fromm kurz vor Beginn des neuen Jahrtausends wieder in den Blick rücken. Wo das menschliche Sinnen und Trachten des Einzelnen nur ums Haben kreist, verliert die Gesellschaft ihre Seele und die innere Kraft. Und im Unterschied zu den Gegenständen des Habens werden die praktizierten Eigenkräfte des Menschen durch die Praxis nicht nur nicht aufgebraucht, sondern vermehrt. Die Grundlagen für diese Überzeugung schöpft Erich Fromm aus den Schriften von Karl Marx und Meister Eckart. Beide könnten auf den ersten Blick unterschiedlicher nicht sein. Aber beide schreiben und predigen aus einer Lebenspraxis heraus, bei der sie am eigenen Leib erfahren, dass das Leben erfüllter ist, sofern der Mensch nur auf die ihm eigenen Kräfte zur Einheitserfahrung von Liebe, Vernunft und produktivem Tun baut. Und sie erfahren, dass das Leben in Wirklichkeit leer, langweilig und unerfüllt bleibt, wenn der Mensch danach strebt, sein Leben nicht aus eigener Kraft zu leben, sondern versucht, es mithilfe von Surrogaten, Ersatzstücken und Krücken auszufüllen und sekundär anzureichern.

Für Fromm ist die Notwendigkeit einer radikalen menschlichen Veränderung deshalb weder nur eine ethische oder religiöse Forderung, noch ausschließlich ein psychologisches Postulat, das sich aus der krankhaften Natur unserer gegenwärtigen Gesellschaft ergibt, sondern sie ist auch eine Voraussetzung für das nackte Überleben der Menschheit: „Richtig leben heißt (für eine seelisch gesunde Gesellschaft in der Zukunft) nicht länger, nur ein ethisches oder religiöses Gebot zu erfüllen. Zum ersten Mal in der Geschichte hängt das physische Überleben der Menschheit von einer radikalen seelischen Veränderung des Menschen ab. Dieser Wandel im Herzen des Menschen ist jedoch nur in jenem Maß möglich, in dem drastische ökonomische und soziale Veränderungen eintreten, die ihm die Chance geben, sich zu wandeln, und den Mut und die Vorstellungskraft, die er braucht, um diese Veränderung zu erreichen."[26] Es gibt zwei Wege, dieses Postulat zu verwirklichen: Einen, der eine neue Begründung für alte Werte liefert, und dann einen, der die Notwendigkeit neuer Werte aufzeigt.

Eine neue Begründung für alte Werte

Wenn heute in der Hoffnung auf ihre grenzüberschreitende Verbindlichkeit nach Werten gerufen wird, genügt es nicht mehr, vor den sieben „Todsünden" zu warnen und diesen in Form der drei göttlichen Tugenden und der vier Kardinaltugenden eine andere Siebenzahl entgegenzuhalten. Völlerei, Wollust, Habsucht, Zorn, Neid, Trägheit und Hochmut werden nicht automatisch wettgemacht durch Glaube, Hoffnung, Liebe, Weisheit, Gerechtigkeit, Tapferkeit und Mäßigung. Es sei denn, der Zeitgenosse nimmt sich zu Herzen, was er als aufmerksamer Besucher in der linken Seitenkapelle der Stadtpfarrkirche Murau auf evangelischen Wandmalereien aus der Renaissancezeit entdecken kann. Dort findet sich neben den drei göttlichen Tugenden und den vier Kardinaltugenden auch das Glück als Tugend dargestellt. Als „achte

Tugend" sorgt somit Fortuna als „Gleichmut gegenüber dem Willen Gottes" rein numerisch für das Übergewicht auf der Waagschale zugunsten des Guten. Ein genialer, fantasievoller Schachzug, aber leider nicht gut genug, um angesichts er seelischen Not und Bedürftigkeit des Menschen in einer immer komplexeren Gesellschaft ein brauchbares Leitmotiv für konkretes Handeln anzubieten. Glück, das sich nicht als Roulette im Dienste des Zufalls, sondern als Gleichmut, als innere seelische Ausgeglichenheit beschreiben lässt, mag eine prinzipiell richtige Perspektive eröffnen, kann aber keinen Handlungsimperativ im Hier und Jetzt aufzeigen!

Dazu kommt, dass nirgends die Meinungsverschiedenheiten und die Widersprüche zwischen miteinander unverträglichen Standpunkten größer zu sein scheinen als in der Beurteilung von Werten und Handlungen bezüglich ihrer Richtigkeit und Moralität. Wird in diesem Zusammenhang von „Freiheit" geredet, wird sie oft nicht als „Freiheit aller" begriffen, sondern als „Freiheit von Auserwählten", die es sich zu „richten" wissen. Gerade deshalb muss in den verschiedenen historisch entstandenen Moralsystemen gefragt werden, ob sie sich nicht trotz aller inhaltlichen Differenzen doch allesamt auf einen formalen Grundsatz zurückführen lassen?

Ein solcher Grundsatz, der auf die Bibel zurückgeht, ist zum Beispiel die „Goldene Regel": „Was du nicht willst, das man dir tu, das füg' auch keinem andern zu." Oder positiv formuliert: „Behandle deine Mitmenschen so, wie du von ihnen behandelt werden willst." (Tobias 4,16; Matth 7,12; Luk 6,31) Oder in der rabbinischen Übersetzung des biblischen Liebesgebotes: „Liebe deinen Nächsten, er ist wie du!"

Diese Regel verlangt somit vor jeder konkreten Einzelentscheidung, dass sich ein Mensch in die Lage des oder der von ihr Betroffenen versetzen soll, um zu prüfen, ob er die Entscheidung auch dann gutheißen könnte, wenn ein anderer sie fällen würde und er dadurch unmittelbar oder mittelbar davon betroffen wäre. Die goldene Regel ist nicht selber eine moralische Norm, sondern soll als Maßstab von moralischen Normen fungieren, das heißt, sie schreibt nicht inhaltlich vor, was im Einzelnen getan werden soll; sie gebietet vielmehr rein formal, wie generell gehandelt werden muss, damit die Handlung als moralisch anerkannt werden kann.

Wer aus moralischer Kompetenz moralisch handelt, vermag Rechenschaft abzulegen über die Gründe seines Tuns, wobei der letzte Grund aller Gründe die Freiheit ist, die sich um der Freiheit aller willen an Normen und Werte bindet, durch die der größtmögliche Freiheitsspielraum ermöglicht wird. Moralisch kompetent ist der mündige Mensch, wenn er seine Entscheidungen nicht nur gegenüber sich selbst, sondern auch gegenüber seinen Mitmenschen zu verantworten vermag. Moralische Kompetenz und Verantwortung gehören deshalb untrennbar zusammen, sie sind die beiden Seiten einer Freiheit, die sich als Ethik versteht. Freiheit im Sinne von Ethik stellt sich freiwillig unter die Pflicht der Verantwortung und Rechtfertigung, denn auch wenn er guten Willens ist und moralische Kompetenz besitzt, ist nicht frei von Irrtum und Schuld. Wenn er sich aber die Ethik zum Prinzip seines Handelns macht, bekundet er damit auch die Absicht, seine Handlungsstrukturen so durchsichtig wie möglich zu machen, um Irrtümern und Schuld möglichst wenig Raum zu geben.

Die Notwendigkeit neuer Werte

Dorothee Sölle ruft in ihrem kleinen Buch „Phantasie und Gehorsam"[27] zur Pflege der Fantasie auf, welche sie als „Mutter aller Tugenden von morgen" einer einseitigen und tödlichen Gehorsamsethik gegenüberstellt: Gehorsam in dem Sinn, dass der Mensch eine bestehende Ordnung aufrechterhält, genügt nicht. Von ihm darf erwartet werden, dass er die Welt gestalten und kraft seiner Fantasie verändern will.

In Wirklichkeit ist Fantasie eine Form der Freiheit, die ein Mensch in seinem Leben gewinnen kann. Sie entsteht, wie jede andere Tugend, als Frucht seiner Auseinandersetzung mit der Welt.

Der Mensch muss die Art dieser seiner Tugend aus seiner eigenen Situation heraus selber finden, er muss Einfluss auf die Situation haben, er muss sie mitbestimmen können. Spontaneität, Mitbestimmung und Freiheit sind Bedingungen jeder Tugend, die überhaupt das Reich des Tieres, nämlich der Notwendigkeit und der Dressur, verlassen hat. Die psychische Grundlage der neueren Tugenden ist dann nicht mehr der Gehorsam, der sich an Normen misst, der die Schwierigkeiten einer Situation auf sich nimmt, die Ordnung erhält und erträgt, was zu ertragen ist, sondern die Fantasie als Mutter der Tugenden von morgen. Der Gehorsam als Zentraltugend wird abgelöst. Ordnung, Pünktlichkeit, Sauberkeit, Sparsamkeit und Fleiß haben nur dort und dann Sinn, wo sie im Dienst der Einfühlung in den anderen Menschen stehen. So ist ein ethisches System denkbar, in dem sich alle Tugenden auf Fantasie gründen.

Einige dieser neuen Tugenden, die gerade für eine neue Art weltweit vernetzten Zusammenlebens von Menschen wichtig werden, sind die Toleranz und der Humor, der gerechte Zorn im Sinne von Mut statt Wut und die Einfühlung, die Initiative und die Beharrlichkeit einer produktiven Vorstellungskraft. Solche Fantasie ist Fantasie der Hoffnung, die nichts und niemanden aufgibt und sich von den konkreten Rückschlägen nur zu neuen Erfindungen provozieren lässt. So verstandene Fantasie überschreitet Grenzen und bringt Menschen zueinander. Voraussetzung dafür ist ein leidenschaftliches Herz und die Bereitschaft, Fragen der Ethik und Moral nicht über Hochglanzbroschüren, sondern über konkret Erlebbares zu erörtern.

Laute Post

Ruf deine Worte laut von den Dächern,
schleudere sie wie Raketen ins All!
Still wie der Morgentau fallen sie nieder,
tränken die Erde und du triffst sie wieder.
Verwandelt verwandeln sie dich.

ARNOLD METTNITZER

Gleich wie der Regen und der Schnee
vom Himmel niedersinkt
und kehrt dorthin nicht zurück,
er habe denn erst die Erde durchfeuchtet,
sie gebären, sie sprossen lassen;
dem Säenden Samen gegeben,
dem Essenden Brot,
so geschiehts mit meiner Rede,
die aus meinem Mund fährt,
fruchtleer nicht kehrt sie wieder zu mir:
sie habe denn getan, was mein Wille war,
geraten lassen, wozu ich sie sandte.

JESAJA 55, VERSE 10,11
IN DER ÜBERSETZUNG VON MARTIN BUBER

Das Leben des Menschen ist Resonanz mit der Natur

Das, was ich höre, sehe, schmecke, taste, rieche, alles, was ich über meine Sinnesorgane wahr-nehme (ein schönes Wort!), prägt sich mir ein. Ich nehme es nicht nur wahr, ich werde dadurch verwandelt, ich komme dorthin, wohin ich schaue, alles, was ich erlebe, gestaltet und verändert mich. Darum ist es für einen Menschen auch so wichtig, danach zu trachten, mit der Natur im Einklang zu sein und sich immer wieder auch kritisch zu hinterfragen, wo er sich aufhält, wie viel Zeit er wo verbringt!

Menschliches Leben ist eine große Symphonie von Resonanzen, ein Zusammenspiel aus vielen Einzelstimmen, ein ständiges Hin und Her und Auf und Ab. Die Grundmelodie dieser großen Symphonie ist das Duell zwischen Leben und Tod. Bei allem, was wir tun, ist die Frage angebracht, ob sich mein Handeln in Richtung „Leben" und „Lebendigkeit" oder aber in Richtung „Sterben" und „Tod" bewegt. Und weil dieses Leben für den Menschen als soziales Wesen ohne den Blick auf den anderen Menschen nicht möglich ist, führt das zu guter Letzt oder zuallererst zu Beziehungsfragen und damit auch zur Frage der Resonanz zwischen Ich und Du. Denn Ich und Du bleiben aneinander gebunden.

Wenn es in der Bergpredigt heißt, dass sich die Botschaft aller Propheten und im Grunde die Bibel als Ganzes in einem Satz zusammenfassen lässt, dann müsste dieser Satz uns nicht nur ins Stammbuch, sondern auch als „ethische Weltformel", als sogenannte „goldene Regel" ins Herz jedes Menschen geschrieben sein: „Was du von anderen erwartest, das tu auch ihnen!" (Mt 7,12.) Wer diesen Rat konsequent umzusetzen versucht, wird an sich die wohltuende Wirkung eines in ihm wohnenden Gesetzes erkennen: Anderen helfen zu können, hilft dir! Andere tragen zu können, trägt dich!

Wer das erfahren hat, rechnet nicht mehr, er weiß, dass er durch das, was er anderen tut, selbst beschenkt ist.

Das wird besonders deutlich an zwei Brüdern, die gemeinsam einen Bauernhof erben. Sie wissen, dass sie beide nur leben können, wenn sie auf das achten und das pflegen, was ihnen die Natur gibt. Sie bewirtschaften gemeinsam und nachhaltig den Hof und teilen am Ende geschwisterlich den Ernteertrag. Danach bringt jeder seinen Anteil in seine Scheune. Des Nachts aber können beide nicht schlafen. Der eine Bruder denkt: „Mein Bruder hat eine große Familie, während ich allein bin. Er braucht mehr als ich zum Leben. Ich will zur Mitte der Nacht etwas von meinen Garben in seine Scheune tragen." Der andere Bruder denkt: „Mein Bruder ist allein. Im Alter wird er niemanden haben, der für ihn sorgt. Damit er jetzt schon besser vorsorgen kann, will ich um Mitternacht etwas von meinen Garben in seine Scheune tragen." Und so treffen sich die beiden zur Mitte der Nacht. Jeder der beiden mit Garben in seinen Händen unterwegs zur Scheune des anderen.

Auch wenn diese Geschichte einfältig klingen mag, sie ist es nicht. Sie spricht an, wonach der Mensch zuallererst Sehnsucht hat: Sehnsucht nach dem anderen Menschen, danach, von anderen wertgeschätzt, geliebt, gemocht, willkommen geheißen und geachtet zu werden. Dieses Miteinander von Ich und Du findet seine Entsprechung in der Natur. Je näher bei der Natur, umso lebendiger, je weiter weg von ihr, umso näher dem Tod!

Das biblische Leitmotiv dazu lautet: „Liebe deinen Nächsten wie dich selbst." Rund um die Exegese dieses sogenannten Doppelgebotes ist in der christlichen Verkündigung ein regelrechter Krieg entstanden. Seine Ursachen liegen m. E. in einer geradezu neurotischen Angst vor dem Selbst und der Selbstverwirklichung, die in der Folge konsequenterweise als Geisel unserer Zeit gebrandmarkt wird. So konnte aus der Nächstenliebe eine Kardinaltugend werden, während die Selbstliebe zum Stiefkind christlicher Wahrnehmung verkommen musste.

Aber die entwicklungsgeschichtliche Voraussetzung für die Nächstenliebe ist und bleibt eine gut fundierte Liebe zu sich selbst. Wer sich selbst nicht mag, kann andere nicht mögen.

Wer mit sich selbst nicht im Reinen ist, wird es mit anderen auch nicht sein können.

Wenn die Scholastik die Seele als „*anima – forma corporis*" definiert, also das, „was einen Menschen zu diesem einzigartigen, unverwechselbaren Menschen macht", dann meint sie sein Selbst als ein mit allen anderen Menschen verbundenes. Das eine Selbst drückt sich in vielen Ichs aus. Dabei ist die Seele das, was die Einmaligkeit und „Unauswechselbarkeit" eines Menschen ausmacht (Herbert Pietschmann). Insofern „hat" der Mensch keine Seele im Sinn von „besitzen", er „ist" vielmehr ein beseeltes Wesen. Das Leben des Menschen gelingt in der Erfahrung der unbedingten Zugehörigkeit.

Um das besser verstehen zu können, tausche ich gerne das geheimnisvoll-komplizierte Wort „Seele" gegen das viel vertrautere Wort „Natur". Denn die Natur ist in der Landschaft des Lebendigen nicht ein Drittes, das in der Beziehung zweier Menschen dazukäme, sie ist die Voraussetzung dafür, dass diese beiden sich verstehen und zueinander finden können. Die Rabbinen übersetzen ganz in diesem Sinn das biblische Doppelgebot deshalb mit „Liebe deinen Nächsten! Er ist wie du" – und sie definieren den Unterschied zwischen Tag und Nacht durch den Moment, an dem du im Morgengrauen oder in der Abenddämmerung an deinem Gegenüber gerade noch oder schon das Gesicht deines Nächsten erkennen kannst.

Am Du werde ich zum Ich. An mir wird der andere zum Du. Ohne diese Beidseitigkeit gibt es kein Lebendig-Sein. Bruder David Steindl-Rast beschreibt das Bindeglied menschlichen Miteinanders, die Liebe als „gelebtes Ja zur Zugehörigkeit". Hegel nennt es die Kunst, „im Anderen bei sich zu sein". Umgangssprachlich sagen wir deshalb auch geradezu philosophisch angehaucht: „Ich versteh mich mit dir so gut!" Das heißt ja im Grunde: „Ich verstehe mich so gut, wenn ich mit dir zusammen bin!" Der argentinische Schriftsteller und Psychotherapeut Jorge Bucay „definiert" in diesem Sinn die Liebe als die Kunst, Raum zu schaffen, damit der andere der sein kann, der er ist. In dieser raumschaffenden Grundhaltung ist die Natur nicht das dritte Element in der Beziehung zwischen Ich und Du, sie ist die alles entscheidende Voraussetzung dafür!

Ein Sprichwort sagt: „See und Seele sind eins, in beiden liegt vieles verborgen." Mir gefällt dieser Gedanke. Zum ersten Mal bin ich ihm in Kärnten begegnet, jenem österreichischen Bundesland, in dem es 1270 stehende Gewässer gibt, von denen 670 über 100 Meter über der Adria liegen. Die Gesamtfläche aller Seen beträgt rund 60 Quadratkilometer, davon nehmen allein der Wörthersee, der Millstätter See, der Ossiacher See und der Weißensee als die vier größten Seen im Land 50 Quadratkilometer ein. Der tiefste See ist mit 141 Metern der Millstätter See. Einen kleinen See nennen die Kärntner „Seele". Ein See mit all seinen Abgründen, die Seele einer Landschaft, ein stimmiges Symbol für die Seele eines Menschen, jenes abgrundtief unauslotbaren inneren Bereichs, das jeden einzelnen Menschen in seiner Einzigartigkeit ausmacht.

Noch viel mehr aber noch als der See ist mir seit Kindertagen der Wald ein Symbol für die Seele einer Landschaft. Den Kindern erscheint er geheimnisvoll, dunkel, bedrohlich, bewohnt von Tieren, Zwergen, Geistern und Hexen. In vielen Märchen spielt er eine tragende Rolle. Für viele Menschen ist gerade der Wald der Kraftplatz einer von ihm beherrschten Landschaft, ihre Lunge und ihr Herz.

■■■■

Und wo sich Wort und Ton gesellt,
Wo Lied erklingt, Kunst sich entfaltet,
Wird jedes Mal der Sinn der Welt
Des ganzen Daseins neu gestaltet.

■■■■■

Ein Suchender

Ein Suchender ist jemand, der sucht, nicht unbedingt jemand, der findet. Auch ist es nicht unbedingt jemand, der weiß, wonach er sucht. Ein Suchender ist schlicht und einfach jemand, für den das Leben eine Suche ist.

Eines Tages lässt ein Suchender alles stehen und liegen und macht sich auf den Weg. Nach zwei Tagesmärschen über staubige Wege fällt ihm ein wunderschöner Garten auf. Ein Bronzetor lädt zum Eintreten ein. Auf einem Stein liest er die Inschrift: *Abdul Tareg, lebte 8 Jahre, 6 Monate, 2 Wochen und 3 Tage.* Er erschrickt, weil er merkt, dass der Stein nicht einfach nur ein Stein, sondern ein Grabstein ist. Unweit davon steht auf einem anderen Stein: *Yamir Kalib, lebte 5 Jahre, 8 Monate und 3 Wochen.* Der Suchende versteht. Dieser hübsche Garten ist ein Friedhof und der älteste hier begrabene Mensch kaum elf Jahre alt!

Da kommt der Friedhofswärter des Weges, schaut dem Fremden eine Weile zu und fragt ihn, ob er um einen Familienangehörigen trauere. „Nein, kein Angehöriger", sagt der Suchende. „Aber was ist nur in diesem Dorf geschehen? Warum liegen hier so viele Kinder begraben? Was für ein böser Fluch lastet auf diesen Menschen?" Der Alte lächelt und sagt: „Es gibt keinen Fluch. Wir haben hier nur einen alten Brauch: Wenn bei uns ein Jugendlicher fünfzehn Jahre alt wird, schenken ihm seine Eltern ein kleines Heftchen, so wie dieses, das ich hier trage, und das hängt er sich um den Hals. Unser Brauch ist es, dass von diesem Moment jeder Augenblick, in dem einem etwas sehr Schönes widerfährt, in diesem Büchlein festgehalten wird. Links wird aufgeschrieben, was uns so glücklich gemacht hat. Und rechts, wie lange das Glück gedauert hat. Und so halten wir jeden freudvollen Augenblick in diesem Büchlein fest – jeden einzelnen. Und wenn jemand stirbt, so ist es unser Brauch, sein Büchlein aufzuschlagen und die Glücksmomente zusammenzurechnen, um das Ergebnis auf sein Grab zu schreiben. Denn für uns ist einzig und allein dies die wirklich gelebte Zeit."[28]

Oskar Werner

Mit dem Schauspieler Ferdinand Kaup und seiner Familie weiß ich mich seit Jahren verbunden. Bei unseren Begegnungen werden fast immer Gedichte rezitiert. Entweder er trägt vor oder ich rezitiere. Das findet zum ersten Mal vor Jahren in der kleinen Johannes-Nepomuk-Kapelle in der Gersthofer Straße 129 in Wien statt. Eine Freundin hatte mich damals gebeten, sie und einige Freunde auf das Weihnachtsfest einzustimmen. Seither treffen wir uns dort jeden Sonntag vor dem Heiligen Abend um 17 Uhr. Jeder gibt, was er hat. Einen Text, ein Lied, ein Gedicht, gemeinsames Schweigen.

In gesprochenen Gedichten finden wir uns – und den Nächsten! Seit vielen aktiven beruflichen Jahrzehnten ist Ferdinand begeistert geleitet von den Erkenntnissen unzähliger weiser Dichter und Denker, die über das sorgfältige Sprechen ihrer gedruckten Werke erst zu neuem Leben über alle Zeiten zu uns Lesern finden. In der Einladung des Sokrates an seine Schüler: „Sprich, damit ich Dich sehe!", sieht Ferdinand Kaup einen der vielen Hinweise darauf, dass wir als „klingende Menschen" erkannt werden sollen, und dadurch mit unserem persönlichen Sprech-Klang als einzigartige Persönlichkeit Aufmerksamkeit finden können. Allerdings setzt das auch die Sprechkultur unserer Sprechwerkzeuge voraus!

Bei dieser unserer gemeinsamen Leidenschaft handelt es sich aber nicht allein um das Vortragen von Gedichten. Das könnte sehr schnell als „vorgestrig" und als „verstaubt" abgetan werden. Was uns beseelt und motiviert, ist die feste Überzeugung, dass unsere Alltagssprache einer dringend notwendigen Kur bedarf. Vielleicht darf man das die „Respiritualisierung" unserer Sprache nennen? In jedem Fall geht es dabei um eine Kommunikation im Alltag, die aus dem Herzen kommt und zu Herzen geht. Das wäre dann ein Miteinander-Reden, dessen Ton hinter den Worten und zwischen den Zeilen die Menschen zu berühren und ihren Alltag zu verwandeln vermag.

Im Sommer 2018, während meiner Vorbereitungen zu diesem Buch, erreicht mich ein Brief von Ferdinand. Vor Monaten habe ich ihn mit seiner Frau bei einem Vortrag in Perchtoldsdorf getroffen. Weil er weiß, dass ich alle meine Rilke-Gedichte beim Autofahren lerne, und weil er weiß, dass mich dabei immer wieder Oskar Werners Rilke-Hörbuch begleitet, schenkt er mir seine Erinnerung an Oskar Werner und den Wortlaut eines Briefes, den Ferdinand im November 1984 von meinem Lehrer Erwin Ringel erhält:

Ferdinand Kaup schreibt mir im Juli 2018:

„Bitte habe Nachsicht mit meiner sehr verspäteten Kopie eines Briefaustausches mit Prof. Ringel (den ich in Ehren halte!), als ich 1984 auch in Marburg gastierte. Oskar Werner sollte dort einen seiner Rezitationsabende halten, am Vorabend hatte ich noch Vorstellung, und wollte ihn morgens im Hotel besuchen – wo er kurz davor plötzlich gestorben ist. Offenbar hat er nach seiner Ankunft in Marburg abends erfahren, dass erst 14 Karten im Vorverkauf reserviert waren und der Leseabend abgesagt werden musste. In meinem Schmerz musste ich dies Prof. Ringel mitteilen, mit dem ich früher gelegentlich kurze Gespräche über unsere Liebe zu Gedichten und Musik führen durfte. Deshalb freue ich mich riesig, wenn ich von Dir höre, welch innige Beziehung zu Erwin Ringel Dir geschenkt war! Und ich liebe Deine Erkenntnisse aus diesen Weisheiten.“

Erwin Ringel schreibt an Ferdinand Kaup am 22. November 1984 nach Marburg:

„Sehr geehrter, lieber Herr Kaup!

Ihr Brief vom 30. Oktober hat mich sehr erschüttert. Es gibt nach Ihrer Darstellung keinen Zweifel darüber, dass Oskar Werner, wie viele andere vor ihm, einen psychosomatischen Tod gestorben ist als Opfer der ‚Ausstoßung‘, die er von der Welt erleiden musste. Wenn ich dieses schreibe, so bin ich mir zugleich bewusst, wie sehr wir in dieser Sache, wie in vielen anderen auch, gleich empfinden. Dass der große Schauspieler auf das Programm seines letzten, verhinderten Auftretens an letzter Stelle das Gedicht ‚Aus Kränkung‘ gesetzt hat, ist eine der tragischen ‚Fehlleistungen‘, die sich das Leben eben so oft leistet. Besser hätte es ja nicht ausgedrückt werden können, worauf der Tod eigentlich zurückgeht.

Ich bin glücklich, wieder von Ihnen gehört zu haben, auch wenn der Anlass ein tragischer ist. Ich wünsche Ihnen alles Gute für die Arbeit in meinem geliebten Marburg und freue mich jetzt schon, bald wieder von Ihnen zu hören, vor allem, mit Ihnen zusammenzutreffen. In aufrichtiger Verbundenheit,

Ihr Erwin Ringel“

Mors et vita duello – Leidenschaft, die Leiden schafft

In der Bibel des Jesus aus Nazareth erscheint Samson als der Held schlechthin, als Sinnbild des Allmächtigen, als Repräsentant Jahwes, des Schöpfers und somit aus christlicher Sicht durchaus auch als Vorläufer des Rabbi Jesus. Samson und Jesus, zwei Schicksale mit beeindruckenden Parallelen. Am Ende des Lebens der beiden steht der Verrat durch vorgetäuschte Liebe. Dalilas Liebesschwüre und der Kuss des Judas, beide schicksalhaft und folgenschwer. Die Erde bebt, es blitzt und donnert, kein Stein bleibt auf dem anderen. In der Sprache der Bibel sowohl im Ersten wie auch im Zweiten Testament ist damit zum Ausdruck gebracht, dass hier Gott selbst die Hand im Spiel hat. Für die Augen der Welt bedeutet das zunächst nur Spott und Hohn. Im Buch der Richter wird der um seine Kraft gebrachte Samson genauso verlacht und verspottet wie der gekreuzigte Jesus. Markus, der älteste der Evangelisten, berichtet, wie die Vorübergehenden ihre Köpfe schütteln und sagen: „Ha! Du reißt den Tempel nieder und baust ihn in drei Tagen auf – rette dich selbst, steig herab vom Kreuz!" (Mk 15, 29-32, in der Übersetzung von Friedolin Stier.)

Und der von Jesus vergeblich angerufene Gott antwortet nicht auf die ohnmächtige Frage, warum er ihn verlassen habe (vgl. Mk 15,34). Der Gekreuzigte wird ebenso dem Tod geweiht wie Samson durch Dalilas Verrat.

Vielleicht ist der Gedanke zu kühn, aber erscheint hier nicht auch in Dalila eine Repräsentantin Jahwes, die wie dieser schon im Buch Ijob als Verführer auftritt, der Ijob auf Herz und Nieren zu prüfen versucht und darüber sogar mit dem Satan eine Wette abzuschließen bereit ist!? Sind so gesehen nicht Samson *und* Dalila Repräsentanten eines „deus absconditus", eines ganz und gar nicht verstehbaren Gottes, der alles andere zu sein scheint als ein billiger Hausmeister zur Beseitigung „kleiner Nöte", wie das Rainer Maria Rilke in einem seiner Gedichte zum Ausdruck bringt? Dort wird Gott gebeten, sich als geheimnisvolle „Notnacht voller Röte", als „Feuerschein", als „Krieg" und „Hunger" zu zeigen. Erst wenn so von Gott geredet wird, „erst wenn wir wieder unseren Untergang in ihn verlegen, nicht nur die Bewahrung, wird alles eins sein, „Einsamkeit und Paarung, die Niederlage und der Überschwang". Erst dann ist dieser Gott nicht einfach „gut", sondern „herrlich" und widerlegt dadurch das billige Gerücht des Hörensagens. Am Ende seiner leidvollen Erfahrungen gesteht Ijob: „Vom Hörensagen habe ich bisher von Dir gehört. Nun aber hat mein eigenes Auge Dich gesehen!" (Ijob 42,5.)

In diesem Kontext liest sich das oben angesprochene Gedicht von Rainer Maria Rilke wie ein Kommentar zu den biblischen Schicksalserzählungen, die die Heilsgeschichte des Volkes Israel als eine Kette von Unheilsgeschichten erzählt. Samson und Dalila ist eine dieser Schicksalserzählungen, die mit christlichen Augen gelesen im Schicksal des Jesus aus Nazareth ihre Entsprechung findet:

Herr, sei nicht gut: sei herrlich; widerleg
das Hörensagen, das sie an dir rühmen:
zerbrich das Haus, zerstör den Steg
und wälz ein Nest von Ungetümen
dem Flüchtling an den Nebenweg.
Denn so sind wir verkauft an kleine Nöte,
daß alle meinen Jahr für Jahr,
wenn einer ihnen beide Hände böte
so wär ein Gott. Du Notnacht voller Röte,
du Feuerschein, du Krieg, du Hunger: töte:
denn du bist unsere Gefahr.
Erst wenn wir wieder unseren Untergang

in dich verlegen, nicht nur die Bewahrung,
wird alles dein sein: Einsamkeit und Paarung,
die Niederlage und der Überschwang.
Damit entstehe, was du endlich stillst,
mußt du uns überfallen und zerfetzen:
denn nichts vermag so völlig zu verletzen
wie du uns brauchst, wenn du uns retten willst.[29]

Ähnliche Gedanken finden sich auch in der indischen Götterwelt, die in Brahma den Schöpfer, in Vishnu den Erhalter und in Shiva den Zerstörer verehrt!

Ähnliches findet sich auch beim Vorsokratiker Heraklit von Ephesos, der in der Erkenntnis, dass „alles fließt", ein einheitliches Gesetz erblickt: die Einheit in der Vielheit und Vielheit in der Einheit. Heraklit nimmt eine Ursubstanz an, ein Urfeuer, aus dem im Aufbrennen und Erlöschen die Welt mit ihren Gegensätzen hervortritt und in das sie wieder zurückfällt. Das große Gesetz, nach dem sich aus der einen Urenergie unablässig die Vielheit entfaltet, ist die Einheit der Gegensätze. So erscheint ihm Gott als „Tag und Nacht, Winter und Sommer, Krieg und Frieden, Überfluss und Hunger". Im Kampf zwischen Idee und Idee, Mensch und Mensch, Mann und Frau, Klasse und Klasse, Volk und Volk gestaltet sich die harmonische Ganzheit der Welt. In diesem Sinn ist Kampf, ist Krieg für ihn „aller Dinge Vater, aller Dinge König".

Jedes Ding bedarf zu seinem Sein seines Gegenteils wie der Bogen nach der Leier verlangt, um mit ihr ein Ganzes zu bilden. Beide, Bogen und Saite, verstünden auseinandergenommen nicht, welchen Sinn sie hätten. Darum haben nach Heraklit diejenigen unrecht, die ein Ende allen Kampfes in einem ewigen Frieden herbeisehnen. Denn mit dem Aufhören der schöpferischen Spannungen würde totaler Stillstand und Tod eintreten. Darum – so Heraklit – wäre es dem Menschen auch nicht gut, wenn er ans Ziel all seiner Wünsche käme. Denn es ist die Krankheit, die die Gesundheit angenehm macht, nur am Übel gemessen tritt das Gute in Erscheinung, am Hunger die Sättigung, an der Mühsal die Ruhe.

Mit seiner Lehre vom Zusammengehören und Zusammenwirken des Gegensätzlichen schafft Heraklit so das Modell einer dialektischen Entwicklungslehre, die im hellenistisch geprägten Christentum und 2000 Jahre nach Heraklit bei Nikolaus Cusanus, Friedrich Hegel, Karl Marx, Friedrich Nietzsche, Charles Darwin und Romano Guardini wiederkehrt.

In der lateinischen Dichtung, die uns vom Dichter und Geschichtsschreiber Wipo (gest. nach 1046) überliefert ist, wird der Inhalt des christlichen Osterfestes und damit das zentrale Glaubensgeheimnis des Christentums auch als Kampf und schlussendlich als Sieg des Lebens über den Tod besungen:

Mors et vita duello
Conflixere mirando;
Dux vitae mortuus
Regnat vivus.

Tod und Leben rangen in wundersamem Zweikampf.
Der Fürst des Lebens, der gestorben war,
herrscht (jetzt) lebend.

Das ist nicht nur in der christlichen Liturgie der Osternacht das zentrale Thema, es scheint auch die paradoxe Grundmelodie alles Lebendigen zu sein, in der im ständigen Hin und Her einander letztendlich Leben und Tod gegenüberstehen.

Und weil dieses Leben für den Menschen als soziales Wesen ohne den Blick auf den anderen Menschen nicht möglich ist, führt das aus der Sicht der Bibel zu guter Letzt oder zuallererst zu Beziehungsfragen und damit auch zur Frage der Spannung zwischen Ich & Du von inniger Liebe bis hin zum

Verrat derselben. Was also wäre Samson ohne Dalila und was Dalila ohne Samson? Was wäre ein Leben ohne Leidenschaft, selbst auf die Gefahr hin, dass dieses immer wieder Leiden schafft!?

Samson und Dalila, Mann und Frau in Augenhöhe, einander ebenbürtig im inneren Anspruch ihrer Lebensaufgabe bis hin zur Aufgabe ihres Lebens. Beide ragen aus ihrem Volk als „Besondere" heraus. Auch wenn den daraus entstehenden Machtkampf nur einer der beiden gewinnen kann, so zeigt sich doch am Schicksal beider ihre unverwechselbare Berufung und ständige Gefahr, dieser doch nicht zu entsprechen. Samson, „von Geburt an vom Himmel auserwählt, dem Volke Israel die Macht zurückzugeben", wird schwach, „verirrt" sich in die Liebe zu Dalila und findet erst im Tod wieder zu seiner Aufgabe zurück. Aber seine Erfahrung in der Liebe ist mehr als Verirrung, er findet in Dalila als einziger Hebräer das Liebenswerte an den Philistern, wie Dalila in Samson als einzige Philisterin das Liebenswerte an den Hebräern finden könnte, wenn sie nicht von vornherein einem anderen Auftrag verpflichtet wäre, dem sie zunächst besser und authentischer zu entsprechen scheint als Samson, nämlich ihre ganze Liebe ihrem Volk zu geben. Sie allein vermag es, Samson zu trotzen und „ihn in die Knie zu zwingen". Die Liebe, von der uns das Buch der Richter erzählt, meint mehr als das Magnetfeld der Leidenschaft, in das Samson gerät; sie erzählt von der Liebe des Menschen zu seinem Volk, von der Liebe eines Volkes zu seinem Gott und von der daraus auftretenden ewig aktuellen und in allen Kulturkreisen oft so blutig verhandelten Frage, welcher Gott denn der stärkere wäre. Die Liebe zwischen Samson und Dalila muss daran scheitern, dass im Herzen der beiden jeweils ein anderes Feuer lodert und sie deshalb in ihrem Beisammensein aneinander vorbeilieben. Ein nach wie vor hochaktuelles biblisches Bild, das uns den Blick dafür zu schärfen vermag, warum Beziehungen scheitern. Während Samson Dalila liebt und dadurch seinen

Auftrag gefährdet, liebt Dalila ihr Volk, das ihr mehr wert ist als die dreißig Silberlinge, um die Judas seinen Meister zu verraten bereit ist. Liebe aber, wo sie gelingt, vermag uneigennützig Raum zu schaffen, damit der andere Mensch der sein kann, der er ist (Jorge Bucay).

So gipfelt die Geschichte von Samson und Dalila im Paradoxon: Der Held riskiert den Untergang, weil sich erst darin das Eigentliche, sein Auftrag und seine Bestimmung, sein innerer Ruf, seine Berufung zeigt. Diese „Berufung" bleibt ohne die Rolle Dalilas und ihrer „Berufung" geradezu leblos: So zeigt sich das Leben im Sterben, die Liebe in der Hingabe, das Vertrauen im Verrat, der Friede im Krieg, die Stille in Donner und Blitz, die Rettung im Untergang.

Mors et vita duello: Tod und Leben im ständigen Zweikampf zwischen Licht und Dunkel, Tag und Nacht, Sommer und Winter, Krieg und Frieden ... Ein solches Verständnis des Lebens bedingt auch ein Gottesverständnis, das immer gefährlich bleibt, brandgefährlich sogar, weil der Krieg im Sinne Heraklits ja auch ganz leicht zum heiligen Krieg werden kann, dem jedes Mittel recht ist. Das ist das Gefährliche dieser psychokriminologischen Gratwanderung auf der Suche nach der innersten Bestimmung eines Menschen, seines Auftrags und seines Sendungsbewusstseins. Was uns das Buch der Richter mit Samson und Dalila erzählt, ist die geradezu gespenstisch-gefährliche Geschichte zweier Menschen, die dem sendungsbewussten Selbstmordattentäter genauso Argumente zu liefern scheint wie dem Märtyrer, der stumm wie ein Lamm zur Schlachtbank geführt wird.[30]

■■■■■■

Und jedes Lied und jedes Buch
Und jedes Bild ist ein Enthüllen,
Ein neuer tausendster Versuch,
Des Lebens Einheit zu erfüllen.

■■■■■■

Verstecken spielen

In den Schriften des hinduistischen Mystikers Ramakrishna (1836–1886) gibt es eine Geschichte, die davon erzählt, dass Brahma die Welt geschaffen hat. Da er Gott ist, war die Welt natürlich perfekt, vollendet und gut. Nach ein paar Jahrtausenden wird ihm langweilig und er beginnt, mit sich selbst Verstecken zu spielen. Und da Brahma Gott war, war er perfekt und deshalb auch perfekt im Verstecken, darum brauchte er dann Tausende von Jahren, bis er sich wiedergefunden hatte. Und dann hat er sich wieder versteckt und so weit wir wissen, spielt Brahma sein Versteckspiel heute immer noch. Das heißt: Wir wissen nie, wo er gerade steckt. Er kann hier unter dem Tisch sein, in dir oder mir, ja er kann in der Person sein, die ich absolut nicht ausstehen kann. Wir wissen es nicht! Und wenn wir allem oder zumindest jedem so begegneten, als wäre er oder sie gegenwärtig das Gefäß für Brahma, dann wären wir in einer recht angenehmen Resonanz.

Im Talmud Mischra 15B steht der Satz: „Einen Tag vor deinem Tod kehr um!" Da sagen die Schüler zum Rabbi: „Nachdem ich nicht weiß, wann ich sterbe, wie soll ich da wissen, wann ich umkehren soll!?" Da sagt der Rabbi: „Eben! Drum kehre sicherheitshalber heute um!"

Wenn ich also so leben könnte, als wäre jeder Tag meines Lebens mein letzter, dann würden manche Elefanten in meinem Leben zu Mücken! Klein und lästig, aber selten tödlich! Menschen, die das nicht versuchen, werden leicht überwältigt von den vielen Elefanten in ihrem Leben. Und sie merken nicht mehr, dass die böse Welt da draußen ja auch deshalb so schlimm ist, weil sie sie in ihrem Kopf so groß werden lassen.

„Ist das alles?"

Einer meiner Lehrer, dem ich selten, wenn aber, dann immer wieder nachhaltig begegnen durfte, war der deutsche katholische Theologe Klaus Hemmerle (1929–1994), ab 1975 Bischof von Aachen und als solcher immer wieder unser Gast während meiner römischen Studienjahre. Unsere letzte persönliche Begegnung fand vom 15. bis 20. August 1989 beim Weltjugendtreffen in Santiago de Compostela statt. Hemmerle war ein Meister eines aus dem Herzen kommenden Wortes. Seine tief philosophischen Gedanken kamen immer aus dem Herzen, nie von oben, immer in Augenhöhe und als einladendes Nachdenkangebot. So auch die folgenden Überlegungen:

Der Mensch ist immer über sich hinaus gespannt auf das, was auf ihn zukommt. Die Identität des Menschen mit sich geschieht gerade dadurch, dass er Raum ist für anderes, in dem anderes vorkommt und Platz hat. Ein Mensch ist ein Wesen, das über sich hinaus auch sonst noch jemanden und sonst noch etwas kennt. Dieses „sonst noch etwas" und „sonst noch jemand kennen" ist der laufende Grundvollzug menschlichen Daseins. Jede Bewegung unseres Daseins springt auf und weg von uns selbst auf anderes zu, andauernd denken wir an etwas, andauernd wollen wir etwas, das von uns wegführt. Wir schauen nur genau hin, wenn wir wegsehen von uns auf etwas zu, wir denken nur, wenn wir etwas denken, was sich zugleich von uns, dem Denkenden, unterscheidet. Wir sind wie eine Quelle, die nur dann wirklich Quelle ist, wenn etwas aus ihr herausfließt, wenn sie die Stoßrichtung über sich hinaus hat. Und diese Stoßrichtung ist beim Menschen grundsätzlich universal.

Wir sind auf alles hin orientiert, wir sind derart „konstruiert", dass wir eben, wenn wir nur dieses gesehen und erlebt haben, dann ja immer noch fragen: „Ist das alles?"

Dieser Satz ist so etwas wie ein Grundrhythmus. Es ist das Immer-noch-unterwegs-sein-Können.

Solange wir leben, gilt: Wir sind nie am Ende! Grenze ist nur Grenze, weil ich über sie hinausgedacht habe. Grenze ist nur von Überstieg, von trans-cendere, von Übersteigen, von Transzendenz her möglich, in einem vorläufigen Wortsinn von Transzendenz her. Wir sind immer auf mehr zu und auf mehr hinaus als nur auf uns selber.[31]

Weltmuttersprache Mitgefühl

Eine der ewig jungen Geschichten der Bibel ist die Erfahrung zweier Freunde auf dem Weg nach Emmaus (vgl. Lk 24,13-35). Resigniert gehen die beiden nach Hause. Der Traum von einer glanzvollen Rolle an der Seite eines Superstars ist ausgeträumt. Da gesellt sich ein geheimnisvoller Fremder zu ihnen und sie laden ihn ein, ein Stück Weges mit ihnen zu gehen. Was die beiden dabei erleben, ist Horizonterweiterung durch Begegnung und Gespräch. Wenn man in Alexandrien die Christen zuallererst „Die Leute vom Weg" genannt hat, dann vielleicht gerade deshalb, weil sie das, woran sie sich nach und nach festhalten konnten, nicht in der Stube der Gelehrsamkeit, sondern im Gespräch mit anderen auf dem Weg unterwegs gefunden haben. Als Peter Handke einmal danach gefragt wird, woher er den Stoff für seine vielen Bücher nimmt, antwortet er mit zwei Worten: „Vom Reisen!" Reisen bedeutet, „mit offenen Augen und einem offenen Herzen unterwegs" zu sein, neugierig darauf, zu „erfahren", wie reich und bunt diese Welt ist. Immer wieder aber treffen wir dabei auf Menschen, die nicht aus Neugier, sondern aus purer Not und Verzweiflung aufgebrochen sind. Solchen Menschen zu begegnen und mit ihnen ein Stück des Weges zu gehen, war immer schon das Gebot der Stunde. Weil jeder Mensch jedem Menschen etwas zu sagen hat, entstehen in „Weggemeinschaften" wie von selbst „Erzählgemeinschaften".

In der Hektik des Alltags scheint uns die Zeit dafür zu fehlen, der Geschichte eines Menschen ungeteilte Aufmerksamkeit zu schenken. Und so kommt es, dass in erster Linie Befehle gegeben, Rezepte verordnet, Prinzipien verkündet, Gesetze beschlossen, Statuten vereinbart und Regierungserklärungen unterzeichnet werden. Kein Wunder, dass unseren Worten vielfach gerade deshalb die Seele fehlt. Kein

Wunder auch, dass gerade deshalb Worte nicht viel bedeuten und schon gar nicht bewirken, was sie beschreiben. Was wir als Menschen brauchen, ist eine Sprache, die über alle Befunde, Rezepte, Vorschriften und Dogmen hinaus wie eine Kur wirkt, nicht nur Ratschläge gibt und Rezepte verordnet, sondern vom Herzen kommt und zum Herzen geht!

Erst eine solche Sprache baut auf, ermutigt, motiviert und heilt, erst so wird sie zur Grundmelodie einer Gesprächskultur und einer Erzählgemeinschaft! Ohne diese heilsam-kurative Dimension des Wortes, ohne das feine Gespür für den Klang hinter den Worten und zwischen den Zeilen muss aus jeder Kur die Dressur und aus dem heilenden Wort ein Kommando werden. Dazu aber braucht es eine Leidenschaft des Herzens, hinter den Worten und zwischen den Zeilen das Ungesagte und vielleicht auch Unsagbare herauszufiltern und mitzuhören, wie Michael Ende das von der kleinen Momo erzählt: Sie kann so zuhören, dass selbst dummen Menschen sehr gescheite Fragen einfallen und Schüchterne sich plötzlich frei und mutig fühlen.

Mitte der 1970er-Jahre erschien ein Buch mit dem unbekümmert schönen Titel: „Hallo, Mister Gott, hier spricht Anna."[32] Die kleine verwahrloste Anna wird von ihrem 19-jährigen Retter Fynn gefunden und eingeladen, bei ihm in seinem Haus zu leben. In einem der vielen Gespräche, die die beiden miteinander führen, fragt Anna: „Fynn, du hast mich doch mehr lieb als irgendwer sonst, und ich hab dich auch lieber als irgendwer sonst." – „Ja", sagt Fynn. „Aber mit Mister Gott ist das ganz anders. Siehst du, Fynn. Menschen lieben von außen rein, sie kennen uns von außen, sie können uns von außen streicheln, sie können uns von außen küssen, aber Gott liebt uns innen drin, er kennt dich von innen und kann dich von innen küssen, darum ist es mit Mister Gott ganz anders."[33]

So miteinander reden zu können hieße, die Zärtlichkeit wiederentdecken zu können, die sich durch viele Seiten der Bibel zieht. Das Zweite Testament – am besten gelesen mit den Augen eines Kindes – skizziert eine Zärtlichkeit, die immer ermutigend und heilend wirkt: durch Worte, durch Handauflegen, das man ja auch Streicheln nennen könnte, durch Küsse, Fußwaschungen, innige Gespräche und gemeinsame Mahlzeiten! Das alles ist im Alltag einer „verrechtlichten" Sprache geopfert worden, die das Gesetz vor den Menschen und die Struktur vor die Begegnungskultur stellt. Deshalb vermutet Heinrich Böll, dass vom Christentum das Zärtliche des Zweiten Testaments überhaupt noch nicht entdeckt worden ist.[34]

Wo das gesprochene Wort aber als Instrument gelebter Zärtlichkeit praktiziert wird, ergibt sich wie von selbst eine dritte Ebene geglückten Lebens: die „Mahlgemeinschaft"! Es gibt einen Satz von Bernhard von Clairvaux, der mir in diesem Zusammenhang bemerkenswert erscheint: „Als die Kelche der Priester aus Holz waren, waren ihre Herzen noch aus Gold." Ein Herz aus Gold bringt es nicht übers Herz, einen Fremden, mit dem du ein Stück gemeinsamen Weges gegangen bist, in die unsichere Dunkelheit der Nacht zu entlassen. „Geh nicht fort!" – „Komm mit uns!" – „Bleib doch!"

Orte, wo solches geschieht, sind das Herzstück biblischer Erfahrungen: Herzen brennen wieder, Menschen atmen auf und gehen ermutigt weiter! Das Wort „Emmaus" bedeutet „warme Quelle". Gerade diese Erfahrung einer wärmenden Quelle außerhalb des Zentrums gibt dem Zentrum wieder neue Kraft. Und so ist wohl auch ein besonderer Geniestreich des Heiligen Geistes gewesen, einer Kirche mit ihrem Zentrum in Rom einen Papst zu verordnen, der vom Rand der Welt kommt! – Hauptsache, da kommt einer, dessen Sprache wie eine Kur wirkt, vom Herzen kommt und zu Herzen geht.

Schöner können die beiden Freunde aus Emmaus ihr Staunen nicht ins Wort bringen als dadurch, sich gegenseitig zu erinnern, wie sehr ihr Herz brannte, als sie unterwegs mit ihm redeten und was sie beim gemeinsamen Mahl mit ihm erlebten. Aus der Kraft solcher Erfahrung wandelt sich die Resignation in Zuversicht. Obwohl die beiden kurz vorher noch gemeint hatten, dass man bei Einbruch der Dunkelheit nicht einfach weitergehen könne, brechen sie noch in derselben Nacht auf, um dorthin zu eilen, woher sie gekommen waren. Es ist ihnen unmöglich, über das zu schweigen, wovon das Herz voll ist.

Wer die Bibel aufmerksam studiert, merkt bald, dass das Geheimnisvolle, das Lebendige, das Heilende sehr oft außerhalb der Städte geschieht, weit weg von den Menschen in ihrer Alltagsbetriebsamkeit und der damit verbundenen Gleichgültigkeit. Nicht Jerusalem, nicht Rom, nicht die Zentren der Orte der Macht stehen im Mittelpunkt des Interesses, mehr noch: Diese sind nach dem biblischen Bericht sogar eher Orte der Resignation und der Verzweiflung. Das biblische Interesse kreist um Orte, an denen das Leben unter einen anderen Stern gestellt wird, neue Zuversicht aufblitzt und tote Herzen wieder zu brennen beginnen.

Zum Schluss seiner bewegenden Rede beim Staatsakt am 12. März 2018 in der Wiener Hofburg hat André Heller mit dem Bekenntnis einer „Merkwürdigkeit" aufhorchen lassen: Er habe in seinem Leben jahrzehntelang gedacht, etwas Besonderes zu sein, etwas Besseres. „Klüger, begabter, amüsanter, zum Hochmut berechtigt." Eines Tages, so erzählt er, habe er in der Londoner U-Bahn um sich geschaut und die unterschiedlichsten Menschen in den unterschiedlichsten Hautfarben wahrgenommen, die in unterschiedlichsten Sprachen miteinander kommunizierten. In einer Art von Blitzschlag wäre ihm damals bewusst geworden, dass für jede und jeden von diesen Frauen und Männern, auch für ihn selbst nicht Deutsch, Englisch, Russisch, Chinesisch, Spanisch, Arabisch oder Swahili die wirkliche Muttersprache ist. Die Weltmuttersprache ist und sollte das Mitgefühl sein, sagte damals Heller. Dieses Mitgefühl ermöglicht es uns, in jedem anderen uns selbst zu erkennen und mit ihm innigst und liebevoll verbunden zu sein und diese Erkenntnis in weiterer Folge in all unseren Gedanken und Taten zu berücksichtigen.

■■■■■■■

In diese Einheit einzugehn
Lockt euch die Dichtung, die Musik,
Der Schöpfung Vielfalt zu verstehn
Genügt ein einziger Spiegelblick.

■■■■■■■■

Zwiegespräch an Gräbern

Lesen ist Zwiesprache über den Tod hinaus. Mit jedem Buch, dessen Autor nicht mehr lebt, eröffne ich ein Zwiegespräch, tauche ein in die Welt seiner Gedanken. Am deutlichsten wird mir solche Zwiesprache bei Friedhofsbesuchen. Erst recht, wenn mich am Eingangstor im Namen derer, die hier begraben liegen, die Inschrift begrüßt: „Was ihr jetzt seid, das waren einst wir, was wir jetzt sind, das werdet auch ihr!" Oder aber auch, wenn ich beim nachdenklichen Wandern über den Friedhof vor einem Grabstein zu stehen komme und dort lese: „Halt ein, o Wanderer, und bete für mich! Einst kommt ein anderer und betet für dich!"

Dem griechischen Philosophen Heraklit verdanke ich in diesem Zusammenhang eine besondere Aufmerksamkeit, die mich bei meinen Friedhofsbesuchen begleitet. Heraklit war ein Einzelgänger, der im Leben wie im Denken eigene, bis dahin unbetretene Wege gesucht hat. Über zehn Jahre seines Lebens soll er gänzlich abgesondert und in den Bergen, von Gras und Pflanzen sich nährend, das Leben eines Einsiedlers geführt haben. Gelehrtheit im Sinne bloßer Vielwisserei wäre ihm ein Gräuel gewesen, weil sie den Geist nicht formen und das Geheimnis der Welt nicht erschließen könne. Nach Heraklit käme es für einen Menschen darauf an, *„den einen Gedanken zu finden, der ihm das Geheimnis der Welt aufschließt"*.[35]

Dieser Gedanke begleitet mich bei Friedhofsbesuchen. Auf Grabsteinen suche ich deshalb Zeichen und Worte, die etwas von der Einzigartigkeit und Unverwechselbarkeit eines Menschen verraten.

Als römischer Theologiestudent verbringe ich ein paar Tage im Engadin und werde von einem Freund nach Raron begleitet, der mich zu meiner Überraschung allein über den dortigen Friedhof gehen lässt, überzeugt davon, dass ich dort allein entdecke, was mich tief bewegt. Er weiß von meiner Leidenschaft, in Mußestunden Gedichte zu zitieren, und weiß, dass ich hier unvermutet ein mir kostbares finden werde. Und schon stehe ich am Grab des Dichters und rätsele wie viele andere auch über den Inhalt dieser drei Zeilen:

> Rose, oh reiner Widerspruch, Lust,
> niemandes Schlaf zu sein unter soviel
> Lidern.[36]

Rainer Maria Rilke, dessen Ringen in seinen Texten darum geht, alles Sein – vom Leben bis zum Tod – als Einheit, als Ganzes zu erfahren, hat sich mit seinem eigenen realen Sterben und Tod sehr schwergetan. Er fragt nicht nach dem letzten Grund seiner Krankheit und spricht schon gar nicht über seinen persönlichen Tod. Aber er bestimmt den Ort seines Grabes und verfasst seinen Grabspruch. Und als ob er damit auch sich selbst meinen könnte, bittet er geradezu inständig in einem seiner Gedichte:

> O HERR, gib jedem seinen eigenen Tod.
> Das Sterben, das aus jenem Leben geht,
> darin er Liebe hatte, Sinn und Not.

> DENN wir sind nur die Schale und das Blatt.
> Der große Tod, den jeder in sich hat,
> das ist die Frucht, um die sich alles dreht.[37]

Gian Lorenzo Bernini, Meister des barocken Rom: Mit spielerischer Leichtigkeit zaubert er Leben in Bronze und Stein ... In besonderer Weise lebendig erscheinen mir die überlebensgroßen Gestalten seiner Grabdenkmäler. Eines dieser Meisterwerke, ein Spätwerk Berninis, ist das Grabmal von Papst Alexander VII.: eine mit dunklem Marmor eingefasste Tür. Über sie drapiert ein gewaltiges Bahrtuch aus sizilianischem Jaspis. Diesem prunkvollen steinernen Tuch entsteigt der Tod mit dem Stundenglas in der Hand. Der Papst kniet auf hohem Postament und betet ... umgeben von den vier Gestalten der Gerechtigkeit, Weisheit, Caritas und Wahrheit.

In der Gestaltung seines eigenen Grabes erscheint Gian Lorenzo Bernini nobel und karg, wie ein Bettelmönch. Seine Gebeine ruhen in der Basilika Santa Maria Maggiore unter dem Boden der Basilika im rechten vorderen Teil der Kirche. Der Besucher geht achtlos darüber hinweg; kaum einen halben Quadratmeter groß mag die Marmorplatte sein – wie eine verloren gegangene Briefmarke auf dem weiten Feld des Kirchenbodens nimmt sie sich aus. Auch die einfache Inschrift darauf ist leicht zu übersehen; sie verzichtet auch auf alle Vornamen und Lebensdaten derer, die in diesem Familiengrab beigesetzt sind:

Hic nobilis famiglia Bernini resurrectionem expectat.

Hier erwartet die vornehme Familie Bernini die Auferstehung.

Rom. Pantheon. Der größte erhalten gebliebene Kuppelbau aus der Antike. Im Mittelalter wird der Bau zur Kirche und „allen Heiligen" geweiht. Jedes Mal, wenn ich nach Rom komme, muss ich hierher: Unter der antiken Kuppel zieht mich ein Ort in besonderer Weise an: das Grab von Raffael Sanzio de Urbina (1483–1520). Sein Freund Bramante, der erste Baumeister von St. Peter, lädt ihn nach Rom ein und stellt ihn Julius II. vor. Der Papst überhäuft ihn mit Aufträgen; nach dem Tod seines Freundes Bramante übernimmt er auch die Bauleitung für den Neubau von St. Peter.

Im Alter von nur 37 Jahren stirbt Raffael. Vieles bleibt unvollendet, auch sein berühmtes Gemälde „Die Verklärung Christi". Das Thema der „Verklärung" bezieht sich schon damals nicht nur auf Christus, sondern auch auf die Person

Raffaels selbst. Sein Schaffen ist schon zu Lebzeiten von einem göttlichen Nimbus umgeben. Die Aufschrift auf seinem Sarkophag lässt erahnen, welch hohe Wertschätzung seine Zeitgenossen dem Meister entgegenbringen:

Ille hic est Raphael, timuit quo sospite vinci,
rerum magna parens et moriente mori.

Hier liegt Raffael, von dem die Natur zeit seines Lebens fürchtete besiegt zu werden,
und jetzt, da er gestorben ist, glaubt die Natur selbst sterben zu müssen.

Man muss den Friedhof von Klagenfurt-Annabichl fast zur Gänze durchschreiten, um zu ihrer Grabstätte zu gelangen. Ein grob behauener weißer Stein trägt in grauer Schrift ihren Namen und die Jahreszahlen: „Ingeborg Bachmann 1926–1973." In Rom gestorben findet sie hier in ihrer Geburtsstadt Klagenfurt ihre letzte Ruhestätte.

Ein Jahr nach ihrem Tod komme ich als Student nach Rom. Vielleicht ist es ein nicht eingestandenes Heimweh, warum ich damals immer wieder nach ihren Gedichten greife? Geheimnisvoll und melancholisch, wie sie sind, werden sie mir schnell vertraut und eine südliche Begleitmelodie bei meinen Spaziergängen rund um die Spanische Treppe, der römischen Wohngegend von Ingeborg Bachmann. Ihre Gedichte sind der Versuch, die Liebe zu erklären und mit der Brüchigkeit der menschlichen Sprache zurechtzukommen. „Klage führen" muss sie – und das „bald endlos und wie um nichts sonst" – „über den unabwendbaren Verlust meiner Augen" (vgl. den Schluss des Gedichtes „An die Sonne").[38]

„Muss man denn hier erst gestorben sein, damit sie einen leben lassen?", fragt Gustav Mahler, als seine Zeit als Operndirektor in Wien zu Ende geht und die Schwierigkeiten und Enttäuschungen zunehmen. Am 21. Februar 1911 dirigiert Mahler in New York sein letztes Konzert. Er ist schon krank. Die Ärzte in Amerika, Paris und zuletzt in Wien können für ihn nichts mehr tun. „Anstatt eines geschlossenen Ganzen, wie ich es mir immer erträumt habe, hinterlasse auch ich nur Stückwerk!", notiert er resigniert in sein Tagebuch.

Gustav Mahler stirbt am 18. Mai 1911 an einer Krankheit des Herzens. Auf dem Grinzinger Friedhof wird er beigesetzt. Voll Kraft und Majestät – wie seine Musik – der grün umrankte Stein über seinem Grab. Mahler, der unendlich viel liest, bis ihm auf dem Totenbett buchstäblich das letzte Buch aus der Hand fällt, verbindet in seinen Werken die Literatur mit der Musik. Besonders die Volksdichtung und auch Märchen- und Sagenstoffe sowie chinesische Lyrik verwendet er dafür, aber ebenso Texte von Goethe, Grillparzer, Rückert, Klopstock und Friedrich Nietzsche. Im Alt-Solo in der 3. Symphonie zitiert er aus „Also sprach Zarathustra":

„O Mensch! Gib acht!
Was spricht die tiefe Mitternacht?
Ich schlief!
Aus tiefem Traum bin ich erwacht!
Die Welt ist tief,
und tiefer als der Tag gedacht!"

Wien. Grinzing. Friedhof. Gruppe 21. Reihe 6. Grab Nr. 1.
Thomas Bernhard, gestorben am 12. Februar 1989, wird hier auf eigenen Wunsch im Grab seines „Lebensmenschen" Hedwig Stavianicek beigesetzt. Der große zornige Mann ist tot. Der große zornige Mann lebt. Er überlebt in seinem Werk. Sein Schreiben ist Anklage, Hinterfragung, Unruh in den gemütlichen Landschaften der österreichischen Seele.

Aber in seinen Gedichten begegnet mir auch ein anderer Bernhard: Fragend, bangend und durchaus mit einem Hauch von Hoffnung …

„Was werde ich tun, wenn keine Scheune mehr
für mein Dasein bettelt,
wenn das Heu in nassen Dörfern verbrennt, ohne mein
Leben zu krönen? ...
Was werde ich tun, wenn keine Botschaft mehr kommt
aus den Gräsern?
Was werde ich tun, wenn ich vergessen bin von allen,
von allen ...?"[39]

Im letzten seiner „Neun Psalmen" heißt es:

Ich fürchte mich nicht mehr.
Ich fürchte nicht mehr,
was kommen wird. ...
Ich werde sagen,
wie herrlich die Erde ist, wenn ich ankomme,
wie herrlich die Erde ist ...
Ohne mich fürchten zu müssen ...
Ich erwarte,
dass mich der Herr erwartet.[40]

Meine Gedichte

Meine Gedichte sind nicht meine Gedichte, so als würden sie mir allein gehören. Wenn ich hier von „meinen Gedichten" rede, meine ich damit nicht persönliche Wortschöpfungen, sondern die verdichteten Erfahrungen, die andere ins Wort und so mir nahegebracht haben, dass ich von diesen beim zufälligen Finden nicht mehr lassen konnte und sie mit mir nehmen, bei mir haben wollte, weil sie mich so zu berühren vermochten wie keines der beliebigen Alltagsworte. Deshalb will ich solche Fundstücke nicht einfach „auswendig" lernen, sondern sie mir einverleiben, sie „inwendig" haben, sie mir bewahren. Und so gibt es in meinem Leben immer wieder Momente des Innehaltens, in denen ich einfach im Stillen ein Gedicht „von innen her verkoste", beim Text verweile, mir Gedanken darüber mache, welche Erfahrung in welchen Zeitumständen zu genau diesen Worten im Lebens eines Dichters, einer Dichterin geführt haben mag. Mit solchen Gedanken schlafe ich oft ein und wache damit auch auf. Das alles kann nur nutzlos und unverzweckt „funktionieren", keinem anderen Zweck zugeordnet sein als dem einen, darin einen tiefen inneren Sinn zu spüren, eine Verbundenheit über Zeit und Raum hinaus, Zwiesprache der ganz besonderen Art.

Ein solches Zwiegespräch ereignet sich auch vor einem Jahr. Die *Kleine Zeitung* bittet mich, den Leserinnen und Lesern mein Paradies zu beschreiben.[41] Und das Erste, was mir dazu einfällt, ist ein Satzfundstück, an das ich immer denken muss, wenn mir an besonders schönen Plätzen das Herz aufgeht:

Mein Paradies (in zwei Fassungen)

Das erste Paradies meines Lebens war die Hofalm in den Kärntner Nockbergen. Als Zehnjähriger durfte ich dort Halterbub sein. Oft bin ich damals heimlich hinauf auf die Höhe gelaufen, hab im Blick aufs Liesertal und weit darüber hinaus zum ersten Mal Fernweh erlebt! Daheim dann am Sonnberg träumte ich davon, mit dem Wasser des kleinen Bächleins vor unserem Haus hinunter ins Tal, mit der Lieser hinaus nach Spittal, von dort mit der Drau in die Donau und mit dieser bis zum Schwarzen Meer zu gelangen ...

Wer heute mein Paradies sucht, dem rate ich, weit in den Süden zu reisen, Florenz, Rom und Neapel hinter sich zu lassen, vorbei am Vesuv nach Sorrent und von dort durch den uralten Olivenhain hinauf nach Sant'Agata sui due Golfi und weiter über das aus dem Felsen gehauene, abenteuerlich-kurvige Nastro Azzurro nach Amalfi. Nichts Schöneres habe ich bisher gesehen. Dort angekommen, verrät dem Fremden auf dem Weg von der Piazza Flavio Gioia ins Zentrum ein stolzer Satz den inneren Grund seiner Reise: „Il giorno del giudizio per gli amalfitani che andranno in paradiso sarà un giorno come un altro." („Für die Bewohner von Amalfi wird der Tag, an dem sie beim Jüngsten Gericht ins Paradies kommen, ein Tag sein wie jeder andere.")

das erste paradies meines lebens
war die alm meiner tante
in den nockbergen kärntens

oft bin ich dort allein
hinauf auf die höhe gestiegen
und habe beim blick übers tal und die berge
zum ersten mal sehnsucht nach weite erlebt ...

wer mich fragt, was mir heute fernweh bedeutet,
den lade ich ein, in den süden zu fahren,
vorbei an bologna, florenz und auch rom,
vorbei am vesuv, an neapel, sorrent,
nach amalfi

dem gast dort verrät eine inschrift
den stolz der bewohner,
deren himmel am ende der tage
nicht besser sein kann,
als die zeit,
die sie hier
in amalfi gelebt ...

[an_dacht]

Für [an_dacht] WIEN, ein Projekt im Rahmen der Eröffnungsausstellung des Dom Museum Wien[42], entsteht ganz in diesem Sinne der folgende Beitrag:

Wartezonen

Flughäfen, Bahnhöfe, Straßenbahn- und Bushaltestellen. Wartezonen nütze ich gern, um für ein paar Augenblicke aus meinem Alltag auszusteigen, gedanklich ins Leben anderer Menschen einzutauchen und mich mit ihnen verbunden zu fühlen. Beim Blick auf die Menschen um mich herum bekommt meine Fantasie Flügel. Ich male mir aus, woher sie wohl kommen mögen und wohin sie unterwegs sind ...

Nirgends bin ich so leicht von Augustin-Zeitungsverkäufern anzusprechen wie hier. Und dann stelle ich mir vor, dass vielleicht auch ein anderer mit ähnlichen Gedanken auf mich blickt und sich fragen mag, woher ich wohl komme und wohin ich gehe!?

In solchen Momenten rezitiere ich gerne Gedichte, die ich in aller Ruhe von innen her verkoste und genieße ... dabei ist mir alles willkommen, was rein „zufällig" zufällt, unsere Lehrerin in der Volksschule zum Beispiel, die uns „Erstklasslern" die Reihenfolge der Wochentage mit dem folgenden Dialog „spielerisch" beizubringen vermochte:

Guten Morgen, Herr Montag!
Was macht die Frau Dienstag?
Ist der Herr Mittwoch zu Haus?
Mir sagt die Frau Donnerstag,
dass der Herr Freitag
mit der Frau Samstag
am Sonntag geht aus!

Seit meiner Zeit in der Volksschule sind mir Gedichte zu Weggefährten geworden. Wie ein Kind freue ich mich auch heute noch, wenn mich beim Spazierengehen durch die Josefstadt auf einer Litfaßsäule in der Ledergasse die letzte Strophe von Ingeborg Bachmanns Gedichtzyklus „Lieder auf der Flucht" (XV) überrascht; fasziniert bleibe ich stehen, notiere mir den Text und im Weitergehen lässt mir der Text keine Ruhe:

> „Die Liebe hat einen Triumph und der Tod hat einen,
> die Zeit und die Zeit danach.
> Wir haben keinen.
> Nur Sinken um uns von Gestirnen. Abglanz und Schweigen.
> Doch das Lied überm Staub danach
> wird uns übersteigen."[43]

■■■■■■■■

Was uns Verworrenes begegnet,
Wird klar und einfach im Gedicht:
Die Blume lacht, die Wolke regnet,
Die Welt hat Sinn, das Stumme spricht.

HERMANN HESSE

Zu guter Letzt

Einundzwanzigster Juli zweitausendachtzehn, um die Mittagszeit. Ich sitze schon im Auto nach Kärnten. Da entschließe ich mich, bevor ich losfahre, noch schnell Sonnenblumen zu kaufen und sie meiner Frau zu bringen.

Vor dem Blumengeschäft in der Gersthofer Straße 73 treffe ich drei 4 bis 5 Jahre alte Kinder. Unbekümmert sitzen sie auf dem Boden vor dem Geschäft und singen:

> „Fangen wir an! Fangen wir an!
> Jeder ist wichtig, weil ein jeder was kann!"

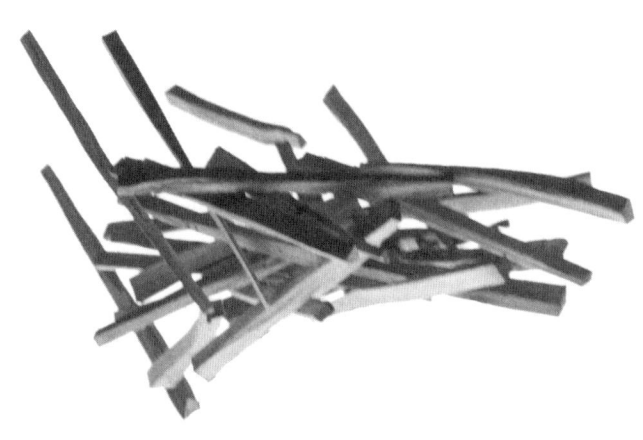

Anmerkungen

1   Aus: Hermann Hesse, Die Gedichte, Suhrkamp Verlag, Frankfurt am Main 1992, S. 594. Das Gedicht zieht sich in neun Teilen als thematischer „roter Faden" quer durch das Buch

2   Romano Guardini, Der Gegensatz. Versuche zu einer Philosophie des Lebendig-Konkreten, Grünewald Verlag, 3. Auflage 1985, S. 92

3   Romano Guardini, Vom Sinn der Gemeinschaft, Arche Verlag, Zürich 1950, S. 31–32

4   Ebd., S. 33–34

5   Iuvenal, Sat. X 356, in: Joachim Adamietz (Hrsg.), Juvenal. Satiren, Lateinisch/Deutsch (Sammlung Tusculum), Artemis & Winkler, München–Zürich 1993, S. 228–229

6   Vgl. Joachim Bauer: Prinzip Menschlichkeit. Warum wir von Natur aus kooperieren, Hoffmann und Campe, Hamburg 2006

7   In der Übersetzung von Martin Buber. Martin Buber, Die fünf Bücher der Weisung, Verlag Lambert Schneider, Heidelberg 1987, S. 44

8   Thomas Bernhard, Keine Seele, in: Thomas Bernhard, WERKE 14. Erzählungen. Kurzprosa. Suhrkamp Verlag, Frankfurt am Main 2003, S. 317

9   Peter Handke, Lebensbeschreibung, in: Peter Handke, Begrüßung des Aufsichtsrats, suhrkamp taschenbuch 654, Suhrkamp Verlag, Frankfurt am Main 1981, S. 114

10 Siehe Interview von Christian K. Narkiewicz-Laine (President of the Chicago Athenaeum) mit Kiki Kogelnik. In: Berengo Fine Arts, Venedig, Italien/Galerie Judith Walker, Klagenfurt, Österreich (Hrsg.): Kiki Kogelnik and the Venetian Heads, „The Chicago Athenaeum", Museum of Architecture and Design, Chicago 1996

11 Alfred Adler, Psychotherapie und Erziehung. Ausgewählte Aufsätze, Bd. 2: 1930–1932. Fischer Verlag, Frankfurt am Main 1982, S. 224

12 Joachim Bauer, Prinzip Menschlichkeit. Warum wir von Natur aus kooperieren. Hoffmann und Campe, Hamburg 2006, S. 21

13 Fjodor Dostojewski, Die Brüder Karamasow. Band I, Aufbau Verlag, Berlin–Weimar 1994, S. 394-424

14 Dostojewski, Die Brüder Karamasow, S. 421

15 Elisabeth Lukas (Hrsg.), Mensch sein heißt Sinn finden. Hundert Worte von Viktor Frankl, Verlag Neue Stadt, München 2009, S. 91

16 Ex 3,7–10

17 Ex 7,14

18 Vgl.: Arnold Mettnitzer, Couch & Altar. Erfahrungen aus Psychotherapie und Seelsorge, Styria Verlag, Wien–Graz–Klagenfurt 2008, S. 11

19 Hans Kruppa (Hrsg.), Gedichte gegen den Frust, Fischer Taschenbuch Verlag, Frankfurt am Main 1984, S. 92

20 Vgl. dazu Martin Walser, Ein springender Brunnen, Suhrkamp Verlag, Frankfurt am Main 1998, S. 129

21 Vgl. dazu das Interview in der Furche 22 vom 30. Mai 2018 auf Seite 3–4. Der Soziologe Hartmut Rosa im Gespräch mit Martin Tschiderer über Digitalisierung als Steigerungsinstrument, „Resonanzdrähte" und Entfremdung als Folge von Beschleunigung. Vgl. dazu auch seine Publikation: Hartmut Rosa, Resonanz. Eine Soziologie der Weltbeziehung, Suhrkamp Verlag, Berlin 2016

22 Gustav Schwab, Die schönsten Sagen des klassischen Altertums. Erster Teil: Die Sagen vor dem trojanischen Krieg. Goldmann Verlag, Berlin 1997, S. 176

23 Ebd.

24 In der Tageszeitung Der Standard vom 29. 05. 2012, S. 21

25 Erich Fromm, Haben oder Sein. Deutscher Taschenbuch Verlag, München 1979

26 Fromm, S. 21

27 Dorothee Sölle, Phantasie und Gehorsam. Kreuz Verlag, Freiburg 1968

28 Erzählt nach Jorge Bucay, Geschichten zum Nachdenken, Ammann Verlag, Zürich 2006, S. 17–21

29 Rainer Maria Rilke, Die Gedichte, Insel Verlag, Frankfurt am Main und Leipzig 2006, S. 420–421

30 Dieser Text von Arnold Mettnitzer erschien erstmals in: Wiener Staatsoper, Camille Saint-Saens, Samson et Dalila; Programmheft zur Premiere am 12. Mai 2018, S. 87–91. Dort unter dem Titel: MORS ET VITA DUELLO – LEIDEN-

SCHAFT, DIE LEIDEN SCHAFFT (Konzept und Gesamtredaktion Andreas Lang, Oliver Lang)

31 Vgl. Klaus Hemmerle, Phänomenologie der Religion, 13. 11. 1973 – Problem der menschlichen Transzendenz und Religion auf: http://www.klaus-hemmerle.de/index.php?option=com_content&view=article&id=863%3Aphaenomenologie-der-religion-vorlesung-vom-13111973-1-und-2-stunde&catid=36%3Aphaenomenologie-der-religion&limitstart=1 (abgerufen am 26. 8. 2018)

32 Die deutsche Ausgabe ist unter diesem Titel 1974 im Scherz Verlag Bern erschienen.

33 Ebd.

34 Vgl. dazu: Johannes Thiele, Verflucht sinnlich. Die erogenen Zonen des Christentums, Econ Ullstein List Verlag, München 2000, S. 44

35 Vgl. dazu: Hans Joachim Störig, Kleine Weltgeschichte der Philosophie, Verlag W. Kohlhammer, Stuttgart–Berlin–Köln–Mainz 1970, S. 87–88

36 Rainer Maria Rilke, Die Gedichte, Insel Verlag, Frankfurt am Main und Leipzig 2006, S. 835

37 Rainer Maria Rilke, Das Stundenbuch. Das Buch von der Armut und vom Tode 1903, in: Rilke, Die Gedichte, Insel Verlag, Frankfurt 1995, S. 293

38 Vgl.: Ingeborg Bachmann, Sämtliche Gedichte, Serie Piper, München–Zürich, Taschenbuchausgabe 1998, S. 148–157

39 Volker Bohn (Hrsg.), Thomas Bernhard. Gesammelte Gedichte, Suhrkamp Verlag, Frankfurt am Main 1991, S. 25

40 Ebd.: S. 77–78

41 Der Text ist in der Kleinen Zeitung vom 17. September 2017 erschienen (S. 12)

42 [an_dacht] WIEN: Ein Projekt im Rahmen der Eröffnungsausstellung des Dom Museum Wien/Horst Konietzny; Dom Museum Wien, Wien 2017, S. 100–101

43 Ingeborg Bachmann, Sämtliche Gedichte, Serie Piper, München–Berlin, 10. Auflage 2015, S. 157

Quellen

Einige Texte in diesem Buch (teilweise in bearbeiteter Version) stammen aus den folgenden im *Styria Verlag* erschienen Publikationen von Arnold Mettnitzer:

Couch & Altar. Erfahrungen aus Psychotherapie und Seelsorge (2008)

Das Kind in mir. Perspektiven eines geglückten Lebens (2012/2014)

Steh auf und geh! Die therapeutische Kraft biblischer Texte (2014)

Die Fotografin

Paloma Schreiber
wurde 1987 in Wien gebo-
ren. Nach Studien der Sino-
logie und Philosophie an der
Universität Wien sowie des
Landschaftsdesigns an der
Wiener Universität für an-
gewandte Kunst bei Mario
Tercic ist sie vielseitig künst-
lerisch tätig. Regelmäßig
präsentiert sie ihre Arbeiten
in Ausstellungen.

Inhalt

STYRIA
BUCHVERLAGE

© 2018 by Styria Verlag
in der Verlagsgruppe Styria GmbH & Co KG
Wien – Graz
Alle Rechte vorbehalten
ISBN 978-3-222-13620-7

Bücher aus der Verlagsgruppe Styria gibt es
in jeder Buchhandlung und im Online-Shop
www.styriabooks.at

Fotos: Paloma Schreiber
Covergestaltung: Emanuel Mauthe
Layout und Buchgestaltung: Maria Schuster
Lektorat: Elisabeth Wagner

Druck und Bindung: Christian Theiss GmbH,
St. Stefan i. Lavanttal
Printed in Austria
7 6 5 4 3 2 1